O QUE É ANÁLISE ECONÔMICA DO DIREITO
UMA INTRODUÇÃO

MARCIA CARLA PEREIRA RIBEIRO
VINICIUS KLEIN
Coordenadores

O QUE É ANÁLISE ECONÔMICA DO DIREITO

UMA INTRODUÇÃO

3ª edição revista, ampliada e atualizada

Victor Hugo Domingues e João Paulo Atilio Godri
(atualizadores)

Belo Horizonte

FÓRUM
CONHECIMENTO JURÍDICO

2022

© 2011 Editora Fórum Ltda.
2016 2ª edição
2022 3ª edição

É proibida a reprodução total ou parcial desta obra, por qualquer meio eletrônico, inclusive por processos xerográficos, sem autorização expressa do Editor.

Conselho Editorial

Adilson Abreu Dallari
Alécia Paolucci Nogueira Bicalho
Alexandre Coutinho Pagliarini
André Ramos Tavares
Carlos Ayres Britto
Carlos Mário da Silva Velloso
Cármen Lúcia Antunes Rocha
Cesar Augusto Guimarães Pereira
Clovis Beznos
Cristiana Fortini
Dinorá Adelaide Musetti Grotti
Diogo de Figueiredo Moreira Neto (*in memoriam*)
Egon Bockmann Moreira
Emerson Gabardo
Fabrício Motta
Fernando Rossi
Flávio Henrique Unes Pereira

Floriano de Azevedo Marques Neto
Gustavo Justino de Oliveira
Inês Virgínia Prado Soares
Jorge Ulisses Jacoby Fernandes
Juarez Freitas
Luciano Ferraz
Lúcio Delfino
Marcia Carla Pereira Ribeiro
Márcio Cammarosano
Marcos Ehrhardt Jr.
Maria Sylvia Zanella Di Pietro
Ney José de Freitas
Oswaldo Othon de Pontes Saraiva Filho
Paulo Modesto
Romeu Felipe Bacellar Filho
Sérgio Guerra
Walber de Moura Agra

FÓRUM
CONHECIMENTO JURÍDICO

Luís Cláudio Rodrigues Ferreira
Presidente e Editor

Coordenação editorial: Leonardo Eustáquio Siqueira Araújo
Aline Sobreira de Oliveira

Rua Paulo Ribeiro Bastos, 211 – Jardim Atlântico – CEP 31710-430
Belo Horizonte – Minas Gerais – Tel.: (31) 2121.4900
www.editoraforum.com.br – editoraforum@editoraforum.com.br

Técnica. Empenho. Zelo. Esses foram alguns dos cuidados aplicados na edição desta obra. No entanto, podem ocorrer erros de impressão, digitação ou mesmo restar alguma dúvida conceitual. Caso se constate algo assim, solicitamos a gentileza de nos comunicar através do *e-mail* editorial@editoraforum.com.br para que possamos esclarecer, no que couber. A sua contribuição é muito importante para mantermos a excelência editorial. A Editora Fórum agradece a sua contribuição.

Dados Internacionais de Catalogação na Publicação (CIP) de acordo com a AACR2

A532	O que é Análise Econômica do Direito: uma introdução / Marcia Carla Pereira Ribeiro; Vinicius Klein (Coord.). 3. ed. Belo Horizonte: Fórum, 2022.
	254p. ISBN 978-65-5518-359-7
	1. Direito econômico. 2. Economia. 3. Direito – análise econômica. 4. Administração. 5. Ciências sociais. I. Ribeiro, Marcia Carla Pereira. II. Klein, Vinicius.
2022-663	CDD: 341.378 CDU: 346

Elaborado por Daniela Lopes Duarte - CRB-6/3500

Informação bibliográfica deste livro, conforme a NBR 6023:2018 da Associação Brasileira de Normas Técnicas (ABNT):

RIBEIRO, Marcia Carla Pereira; KLEIN, Vinicius (Coord.). *O que é Análise Econômica do Direito*: uma introdução. 3. ed. Belo Horizonte: Fórum, 2022. 254p. 978-65-5518-359-7.

Aos que aceitam o desafio.

À Associação Brasileira de Direito e Economia (ABDE); Associação Paranaense de Direito e Economia (ADEPAR) e à Universidade Federal do Paraná por meio de seu Núcleo de Direito Empresarial Comparado (NEMCO). Todos fundamentais para que os estudiosos da análise econômica possam pensar a sua ciência.

Agradecemos aos Professores Victor Hugo Domingues e João Paulo Atilio Godri, pelo auxílio na atualização da terceira edição.

SUMÁRIO

APRESENTAÇÃO 15

INTRODUÇÃO
INTRODUÇÃO À ANÁLISE ECONÔMICA DO DIREITO
Ivo T. Gico Jr. 21
1   Introdução 21
2   O que é a Análise Econômica do Direito? 22
3   Metodologia da AED 25
    Referências 29

CAPÍTULO 1
AS LINHAS CRUZADAS ENTRE DIREITO E ECONOMIA VISTAS A PARTIR DOS GANHADORES DO PRÊMIO NOBEL
Marcia Carla Pereira Ribeiro 31
1.1   Introdução 31
1.2   De 2011 a 2021 32
1.3   A título de conclusão 37
Referências 38

CAPÍTULO 2
PRINCÍPIO DA EFICIÊNCIA
Mauricio Vaz Lobo Bittencourt 39
2.1   Relação do Direito com a Economia 39
2.2   Eficiência econômica 42

2.3	Eficiência no Direito	44
2.4	O princípio da eficiência	45
2.5	Considerações finais	46

Referências 48

CAPÍTULO 3
ÓTIMO DE PARETO
Victor Hugo Domingues 51
Referências 58
Sites de interesse 58

CAPÍTULO 4
AS TRAGÉDIAS DOS *COMUNS* E DOS *ANTICOMUNS*
Eduardo Oliveira Agustinho 59

4.1	Introdução	59
4.2	A tragédia dos *comuns*	60
4.3	A tragédia dos *anticomuns*	63
4.4	As comédias dos *comuns* e dos *anticomuns*	65

Referências 70

CAPÍTULO 5
RACIONALIDADE LIMITADA
Marcia Carla Pereira Ribeiro 71
Referências 76
Sites de interesse 77

CAPÍTULO 6
TEOREMA DE COASE
Vinicius Klein 79
Referências 84
Sites de interesse 85

CAPÍTULO 7
ECONOMIA COMPORTAMENTAL
Giovani Ribeiro Rodrigues Alves 87
Referências 93

CAPÍTULO 8
CUSTOS DE TRANSAÇÃO
Huáscar Fialho Pessali 95
Referências 104
Sobre Custos de Transação 104
Para uma leitura crítica da Teoria dos Custos de Transação 105
Sites de interesse 106

CAPÍTULO 9
ASSIMETRIA INFORMACIONAL
Fábio Leandro Tokars 107
Referências 113

CAPÍTULO 10
TEORIA DA AGÊNCIA – (PROBLEMA AGENTE-PRINCIPAL)
Francisco Renato Codevila Pinheiro Filho 115
10.1 Introdução 115
10.2 O postulado neoclássico da racionalidade dos indivíduos 116
10.3 Teoria da Agência 120
Referências 125

CAPÍTULO 11
TEORIA DOS JOGOS
Sabrina Maria Fadel Becue 127
Referências 134

CAPÍTULO 12
ECONOMIA INSTITUCIONAL E NOVA ECONOMIA INSTITUCIONAL
Marcia Carla Pereira Ribeiro e
Eduardo Oliveira Agustinho 137
12.1 Introdução 137
12.2 Origens e fundamentos da Economia Institucional 138
12.3 Origens e fundamentos da Nova Economia
       Institucional 139
Referências 142

CAPÍTULO 13
ECONOMIA DOS CONTRATOS
Irineu Galeski Júnior 145
13.1 Introdução 145
13.2 Dos vícios 150
13.3 Contextualização 152
13.4 Conclusão 153
Referências 154

CAPÍTULO 14
ECONOMIA DO CONFLITO
Cláudio Djissey Shikida 155
14.1 Introdução 155
14.2 Economia do conflito: o modelo canônico 156
14.3 Economia do conflito no Brasil 161
Referências 162

CAPÍTULO 15
ECONOMIA DO CRIME NO BRASIL
Pery Francisco Assis Shikida e Bárbara Françoise Cardoso 165
Referências 176

CAPÍTULO 16
UMA TEORIA ECONÔMICA DO COMPARTILHAMENTO
Carlos Eduardo Koller 177
Referências 182

CAPÍTULO 17
NOVAS TECNOLOGIAS E AED
Lara Bonemer Rocha Floriani 185
Referências 190

CAPÍTULO 18
CONSEQUENCIALISMO NO JUDICIÁRIO
Luciana Yeung 193
18.1 Fundamentos da Análise Econômica do Direito 193
18.2 Alguns exemplos aplicados 196
18.3 Mais aplicações e conclusões 198
Referências 199

CAPÍTULO 19
CONTRATOS: UMA ABORDAGEM PELA ÓTICA DA NOVA ECONOMIA INSTITUCIONAL (NEI) (PARCERIA NO PROCESSO DE TERMINAÇÃO DE FRANGOS DE CORTE NO ESTADO DO PARANÁ/BRASIL)
Weimar Freire da Rocha Júnior,
Cléverton Michel da Macena,
Marcia Carla Pereira Ribeiro,
Reinaldo Fiuza Sobrinho, Christian Luiz da Silva 201
Referências 205

CAPÍTULO 20
EXTERNALIDADES
Vinícius Klein 207
20.1 Introdução 207
20.2 Definição e perspectiva histórica 208
20.3 Aplicações 212
20.4 Conclusão 213
Referências 214
Trabalhos Centrais 215

CAPÍTULO 21
REGULAÇÃO RESPONSIVA
Kharen Kelm Herbst 217
Referências 222

CAPÍTULO 22
CUSTOS DE TRANSAÇÃO E DECISÃO JUDICIAL: UMA ANÁLISE DE CASO
Genevieve Paim Paganella 225
Referências 231

CAPÍTULO 23
DIP FINANCING
João Paulo Atilio Godri, Pedro Ivo Lins Moreira 233
23.1 Modelo brasileiro e conflito de interesses 235
Referências 239

CAPÍTULO 24
POSNER É A ÚNICA OPÇÃO?
Vinicius Klein 241
Referências 247
Site de interesse 248

SOBRE OS AUTORES 249

APRESENTAÇÃO

O estudo do Direito e Economia tem despertado cada vez mais interesse no Brasil. Esse avanço pode ser creditado a uma abordagem inovadora, capaz de expandir a análise dos problemas jurídicos para além da realidade abstrata da norma, bem como inserir, de forma consistente, a disciplina jurídica na análise econômica.

O estudo do Direito e Economia ou da Análise Econômica do Direito é, em essência, um exercício de interdisciplinaridade. A adoção de uma perspectiva interdisciplinar demanda, geralmente, um esforço intenso, porém recompensador.

A abordagem do Direito e da Economia, pela sua novidade, sofre de um problema de linguagem, já que os conceitos básicos não fazem parte da formação da maioria dos advogados no Brasil e não recebem um tratamento sistemático na formação do economista – inobstante os notórios avanços verificados nos últimos anos.

Nesse contexto é que se identifica a contribuição desta obra: a explicação de conceitos básicos para que, posteriormente, o leitor possa aprofundar pontos específicos. Para tanto, cada capítulo contém uma bibliografia complementar. Assim, esta introdução ao Direito e Economia pode ser utilizada como uma bússola capaz de orientar o leitor que decidir velejar por conta própria.

Trata-se, ainda, de ferramenta relevante para complementar a disciplina de Economia no curso de Direito e de Direito no curso de Economia, sinalizando pontos de congruência e de aplicação conjunta dos conhecimentos jurídicos e econômicos.

A escolha dos verbetes, ampliados nesta terceira edição, foi feita pensando nos conceitos e temas mais relevantes no amplo panorama do estudo do Direito e da Economia. Não se trata de uma lista exaustiva, todavia, pode-se afirmar que um ou mais pontos aqui abordados serão encontrados na maioria dos estudos de Direito e de Economia.

Após a Introdução, que irá situar o leitor no contexto do Direito e da Economia, o livro apresenta, no Capítulo 1, um breve panorama dos últimos dez anos de premiação (de 2011 a 2021) do Prêmio Nobel de Economia. Pondera-se a relação entre o pensamento econômico laureado e o Direito, especialmente nos campos do Direito Empresarial, Contratual e nas propostas de intervenção do Estado na Economia.

A questão da Eficiência é abordada no Capítulo 2, e seu critério de mensuração mais difundido, que é o Ótimo de Pareto, no Capítulo 3. Em seguida, é apresentada a problemática do direito de propriedade, mediante a análise da Tragédia dos Comuns e Anticomuns, no Capítulo 4.

Posteriormente, o pressuposto da racionalidade substantiva presente em diversos estudos de Direito e Economia é discutido no Capítulo 5, que enfrenta uma forma de conceber a racionalidade, que é a Racionalidade Limitada. Seguindo na análise crítica de alguns pressupostos econômicos, o Capítulo 6 trata do

Teorema de Coase, e o Capítulo 7 discorre sobre a escola denominada de Economia Comportamental. Por sua vez, o Capítulo 8 analisa a Teoria dos Custos de Transação, um dos principais desdobramentos da obra de Ronald H. Coase.

No Capítulo 9, o leitor encontrará a questão da Assimetria de Informação, tão presente no cotidiano das pessoas. O Capítulo 10 aborda a Teoria da Agência, que pode ser vista como uma situação específica de assimetria de informações.

Já no Capítulo 11 é discutida a Teoria dos Jogos, instrumental que, apesar de ter surgido na Economia, tem sido utilizado como ferramenta de análise em diversos ramos das ciências sociais, incluindo-se aí o Direito. A análise das instituições e das escolas da Economia Institucional e da Nova Economia Institucional, ponto de evidente confluência entre Direito e Economia, ocupa o Capítulo 12.

Os Capítulos 13 e 14 enfrentam, respectivamente, a problemática da Economia dos Contratos e do Conflito, iniciando uma abordagem mais aplicada a questões pontuais. São pontos em que a perspectiva do Direito e da Economia são capazes de gerar contribuições significativas para a compreensão da realidade fática e das consequências da intervenção do Direito nessa realidade.

A aplicação dos conceitos tratados no início da obra, por meio de estudos empíricos e/ou de análises casuísticas, é feita a partir do Capítulo 15, que discute a Economia do Crime. Os Capítulos 16 e 17 abordam, respectivamente, os impactos de uma Teoria Econômica do Compartilhamento no direito de propriedade e das novas tecnologias nos contratos empresariais, com a exemplificação do uso dos *smarts contracts* e de seu impacto na obtenção de resultados eficientes.

O Capítulo 18, por sua vez, enfrenta a aplicação do consequencialismo no Poder Judiciário e as externalidades ínsitas às decisões judiciais. O Capítulo 19 trata dos contratos de parceria de frangos de corte em abordagem neoinstitucionalista, com o Capítulo 20 apresentando uma abordagem geral sobre o conceito de externalidades e a possibilidade de sua aplicação aos princípios de *Environmental, Social and Corporate Governance* (ESG) na governança corporativa.

Ainda em perspectiva de aplicações práticas dos ferramentais proporcionados pela Análise Econômica do Direito, o Capítulo 21 faz análise do tema da regulação e a importância de o regulador compreender a dinâmica de mercado, a par das limitações e motivações que orientam os agentes econômicos. O Capítulo 22 traz exemplo prático de como o uso dos instrumentos econômicos pode oportunizar decisões eficientes e que proporcionem redução de custos de transação. Essa mesma lógica permeia a temática trabalhada no Capítulo 23, em que se destaca como a Análise Econômica do Direito pode contribuir para a alocação eficiente de recursos nas modalidades de financiamento do devedor empresário durante o curso da recuperação judicial.

Por fim, o Capítulo 24 descreve o grande conjunto de possibilidades inerentes ao estudo do Direito e Economia. Demonstra-se que as críticas mais apressadas, que atacam exclusivamente a concepção originada em Richard A. Posner, são incapazes de compreender o conjunto de contribuições trazidas pelo movimento da Análise Econômica do Direito.

Este livro foi construído no seio da Associação Paranaense de Direito e Economia (ADEPAR). A sua primeira edição foi a primeira contribuição da ADEPAR, objetivando o avanço da discussão do Direito e da Economia no Paraná e no Brasil, o que se pretendeu sedimentar com a segunda edição e, agora, com o lançamento da terceira edição, revisada e ampliada.

Espera-se que os leitores venham a velejar com a mesma satisfação com que os colaboradores desta obra coletiva anteviram o oceano de novas possibilidades de pesquisa abertas por cada um desses verbetes.

Curitiba, 22 de fevereiro de 2022
Os Coordenadores

INTRODUÇÃO À ANÁLISE ECONÔMICA DO DIREITO

Ivo T. Gico Jr.

1 Introdução

O direito é, de uma perspectiva mais objetiva, a arte de regular o comportamento humano. A Economia, por sua vez, é a ciência que estuda como o ser humano toma decisões e se comporta em um mundo de recursos escassos e suas consequências. A Análise Econômica do Direito (AED), portanto, é o campo do conhecimento humano que tem por objetivo empregar os variados ferramentais teóricos e empíricos econômicos e das ciências afins para expandir a compreensão e o alcance do direito e aperfeiçoar o desenvolvimento, a aplicação e a avaliação de normas jurídicas, principalmente em relação às suas consequências.

Nesse sentido, a AED é um movimento que se filia ao consequencialismo, isto é, seus praticantes acreditam que as regras às quais nossa sociedade se submete, portanto, o Direito, devem ser elaboradas, aplicadas e alteradas de acordo com suas consequências no mundo real, e não por julgamentos de valor desprovidos de fundamentos empíricos (deontologismo).

Como a AED investiga o fenômeno jurídico à luz de suas consequências, o juseconomista necessita de instrumentos teóricos e empíricos que lhe auxiliem a identificar os problemas sociais (diagnóstico) e as prováveis reações das pessoas a uma dada regra (prognose), para então, ciente das consequências prováveis, optar pela melhor regra (se estiver legislando) ou pela melhor interpretação (se estiver julgando). Na presente introdução discutiremos brevemente a lógica da análise juseconômica e alguns de seus conceitos básicos para, então, demonstrarmos, nos capítulos seguintes, como esse tipo de análise pode ser empregado para melhor compreender e manusear o Direito em suas diversas áreas.

2 O que é a Análise Econômica do Direito?

Quando falamos em economia, nossa pré-compreensão nos leva automaticamente a pensar em dinheiro, mercados, emprego, inflação, juros etc. Assim, por exemplo, são consideradas questões econômicas perguntas do tipo: qual o efeito da taxa de juros sobre o nível de emprego? Por que empresas nacionais pregam a criação de barreiras tarifárias para seus produtos? Por que nossa taxa de juros é uma das maiores do mundo?

Por outro lado, não são tradicionalmente consideradas econômicas perguntas do tipo: por que estupradores costumam atacar entre 5:00 e 8:30 da manhã ou à noite? Por que os quintais de locais comerciais são geralmente sujos, enquanto as fachadas normalmente são limpas? Por que está cada vez mais difícil convencer os Tribunais Superiores de que uma dada questão foi efetivamente pré-questionada? Por que os advogados passaram a juntar cópia integral dos autos para instruir um agravo de instrumento quando a lei pede apenas algumas peças específicas? Por que o número de divórcios aumentou substancialmente nas últimas décadas?

Para a surpresa de alguns, essas perguntas são tão econômicas quanto as primeiras e muitas delas têm sido objeto de estudos por juseconomistas. Se pararmos para pensar, de uma forma ou de outra, cada uma dessas perguntas pressupõe decisões dos agentes. Se envolvem escolhas, então, são condutas passíveis de análise pelo método econômico, pois o objeto da moderna ciência econômica abrange toda forma de comportamento humano que requer a tomada de decisão.

Assim, quando se fala em análise econômica, não estamos nos referindo a um objeto de estudo específico (*e.g.* mercado, dinheiro, lucro), mas ao método de investigação aplicado ao problema, o método econômico cujo objeto pode ser qualquer questão que envolva escolhas humanas (*e.g.* litigar ou fazer acordo, celebrar ou não um contrato, poluir ou não poluir). Assim, a abordagem econômica serve para compreender toda e qualquer decisão individual ou coletiva que verse sobre recursos escassos, seja ela tomada no âmbito do mercado ou não. Toda atividade humana relevante, nessa concepção, é passível de análise econômica.

A Análise Econômica do Direito, portanto, nada mais é que a aplicação desse método para se tentar compreender, explicar e prever as implicações fáticas do ordenamento jurídico, bem como da lógica (racionalidade) do próprio ordenamento jurídico. A AED é a utilização da abordagem econômica para tentar compreender o Direito no mundo e o mundo no Direito.

De forma geral, os juseconomistas estão preocupados em tentar responder duas perguntas básicas: (i) quais são as consequências de um dado arcabouço jurídico, isto é, de uma dada regra? e (ii) que regra jurídica deveria ser adotada? A maioria de nós concordaria que a resposta à primeira indagação independe da resposta à segunda, mas que o inverso não é verdadeiro, isto é, para sabermos qual seria a regra ideal, precisamos saber quais as consequências dela decorrentes. A primeira parte da investigação refere-se à AED positiva (o que é) enquanto a segunda à AED normativa (o que deve ser).

A ideia aqui é que há uma diferença entre o mundo dos fatos, que pode ser investigado e averiguado por métodos científicos, cujos resultados são passíveis de falsificação – o que chamamos de análise positiva – e o mundo dos valores, que não é passível de investigação empírica, não é passível de prova ou de falsificação e, portanto, não é científico, que chamaremos de análise normativa. Nesse sentido, quando um juiz investiga se A matou B, ele está realizando uma análise positiva (investiga um fato). Por outro lado, quando o legislador se pergunta se naquelas circunstâncias aquela conduta deveria ou não ser punida, ele está realizando uma análise normativa (investiga um valor), ainda que fatos sejam relevantes para a sua decisão.

Em resumo, a AED positiva nos auxiliará a compreender o que é a norma jurídica, qual a sua racionalidade e as diferentes consequências prováveis decorrentes da adoção dessa ou daquela regra, ou seja, a abordagem é eminentemente descritiva/explicativa com resultados preditivos. Já a AED normativa nos auxiliará a escolher dentre as alternativas possíveis, a que seja mais eficiente, i.e., escolher o melhor arranjo institucional dado um valor (vetor normativo) predefinido.

3 Metodologia da AED

Para ser capaz de compreender como se comporta o agente e tentar prever suas reações a mudanças em sua estrutura de incentivos é necessário que tenhamos à nossa disposição uma teoria sobre o comportamento humano, que na AED se baseia em alguns postulados.

Primeiro, os recursos da sociedade são escassos. Se os recursos não fossem escassos, não haveria conflito, sem conflitos, não haveria necessidade do Direito, pois todos cooperariam espontaneamente. A *escassez* dos bens impõe à sociedade que escolha entre alternativas possíveis e excludentes (senão não seria uma escolha, não é mesmo?).

Toda escolha pressupõe um custo, um *trade-off*, que é exatamente a segunda alocação factível mais interessante para o recurso, mas que foi preterida. A esse custo chamamos de *custo de oportunidade*. Assim, por exemplo, se você opta por ler este livro, deixa de realizar outras atividades, como estar com seus amigos, passear com seu(a) namorado(a) ou assistir televisão. A utilidade que cada um gozaria com uma dessas atividades é o seu custo de oportunidade, i.e., o preço implícito ou explícito que se paga por ler este livro. Note que dizer que algo tem um custo não implica afirmar que tem valor pecuniário. Agora você sabe que há muita sabedoria no dito popular "tudo na vida tem um preço", basta olhar para o lado.

Como escolhas devem ser realizadas, os agentes econômicos ponderam os custos e os benefícios de cada alternativa, adotando a conduta que, dadas as suas condições e circunstâncias, lhes traga mais bem-estar. Dizemos, então, que a conduta dos agentes econômicos é *racional maximizadora*, eles maximizam o seu bem-estar.

A grande implicação desse postulado para a juseconomia é que se os agentes econômicos ponderam custos e benefícios na hora de decidir, então uma alteração em suas estruturas de incentivos poderá levá-los a adotarem outra conduta, a realizarem outra escolha. Em resumo, *pessoas respondem a incentivos*. Ora, essa também é uma ideia central no Direito. Todo o Direito é construído sobre a premissa implícita de que as pessoas responderão a incentivos. Criminosos cometerão mais ou menos crimes se as penas forem mais ou menos brandas. As pessoas tomarão mais ou menos cuidado se forem ou não responsabilizadas pelos danos que causarem a terceiros. Agentes públicos trabalharão mais ou se corromperão menos se seus atos forem públicos. Os exemplos são incontáveis.

Por outro lado, se as pessoas não respondessem a incentivos, o Direito seria de pouca ou nenhuma utilidade. Todos continuariam a se comportar da mesma forma e a criação de regras seria uma perda de tempo. Contudo, a experiência nos mostra que isso não acontece.

Adotando-se a premissa de que as pessoas respondem a incentivos, o próximo passo para sermos capazes de compreender o comportamento dos agentes é identificarmos se suas ações serão tomadas em um contexto hierárquico ou mercadológico. No primeiro caso, a interação entre os agentes é regida por regras de comando. É o caso de uma relação de emprego, uma relação familiar ou uma hierarquia militar. No segundo caso, a conduta dos agentes é o resultado da livre interação entre eles, de uma barganha. Aos contextos sociais nos quais a interação entre os agentes é livre para realizar trocas por meio de barganhas chamamos de *mercado*.

Mais uma vez, é importante esclarecer que dizer que uma determinada troca se dá no mercado ou que determinada alocação é o resultado da dinâmica de mercado não requer como condição necessária, nem suficiente, que estejamos tratando de valores pecuniários. Nesse sentido podemos pensar em mercados de ideias, de políticos ou mesmo de sexo.

Essa distinção é importante, pois – não raro – ao se falar em mercado de alguma coisa, os ouvintes associam automaticamente a ideia de dinheiro e de desvalorização do bem barganhado. Esse preconceito não corresponde à realidade. Na jusecomomia, a referência a mercado significa pura e simplesmente o contexto social no qual os agentes poderão tomar suas decisões livremente, barganhando com os demais para obter o que desejam por meio da cooperação. Em contraposição, temos as hierarquias nas quais os agentes têm suas condutas limitadas e conduzidas por regras de comando, que pressupõem algum grau de imposição. Cada estrutura possui benefícios e limitações característicos e a racionalidade de se adotar um ou outro mecanismo é uma questão importante.

Quando a interação social se dá no âmbito do mercado, o comportamento racional maximizador levará os agentes a realizarem trocas até que os custos associados a cada troca se igualem aos benefícios auferidos, momento a partir do qual não mais ocorrerão trocas. Nesse ponto, diremos que o mercado se encontra em *equilíbrio*. Equilíbrio é um conceito técnico utilizado para explicar qual será o resultado provável de uma alteração na estrutura de incentivos dos agentes. Modificada a regra em um contexto em que a barganha é possível (mercado), os agentes realizarão trocas enquanto lhes for benéfico até que o equilíbrio seja alcançado. Esse resultado poderá ser diverso se estivermos tratando de um contexto hierárquico no qual a livre barganha não ocorre. O padrão de comportamento da coletividade se depreende da ideia de equilíbrio das interações dos agentes individuais.

Como o equilíbrio decorre da livre interação dos agentes até que todas as possibilidades de trocas benéficas se esgotem, diz-se que um mercado em equilíbrio tem uma propriedade socialmente valiosa: o seu resultado eliminou todos os desperdícios, ou seja, é eficiente. Eficiência aqui também é um termo técnico utilizado no sentido *Pareto-eficiente*, que significa simplesmente que não existe nenhuma outra alocação de recursos tal que eu consiga melhorar a situação de alguém sem piorar a situação de outrem. Equilíbrios constituem, portanto, ótimos de Pareto. Note-se que uma alocação Pareto-eficiente não necessariamente será justa segundo algum critério normativo, todavia, uma situação Pareto-ineficiente certamente será injusta, pois alguém poderia melhorar sua situação sem prejudicar ninguém, mas não consegue. Enfim, estes são alguns dos pressupostos básicos característicos da AED.

Se pessoas respondem a incentivos, então, do ponto de vista de uma ética consequencialista, as regras de nossa sociedade devem levar em consideração a estrutura de incentivos dos agentes afetados e a possibilidade de que eles mudem de conduta caso essas regras sejam alteradas. Em especial, deve-se levar em consideração que essa mudança de conduta pode gerar efeitos indesejáveis ou não previstos. Uma das funções da juseconomia é auxiliar na identificação desses possíveis efeitos. É o que exploraremos nos capítulos a seguir.

Referências

BOUCKAERT, Boudewijne; GEEST, Gerrit De. *Encyclopedia of Law & Economics*. [s.d.]. Disponível em: http://encyclo.findlaw.com/. Acesso em 13 fev. 2022.

GICO JR., Ivo T. Metodologia e epistemologia da Análise Econômica do Direito. *Economic Analysis of Law Review*, v. 1, n. 1, p. 7-32, jan./jun. 2010. Disponível em: http://portalrevistas.ucb.br/index.php/EALR/article/view/1460/1110. Acesso em 13 fev. 2022.

MANKIW, N. Gregory. *Introdução à Economia. Princípios de micro e macroeconomia*. Thompson: International Thompson, 2004.

SALAMA, Bruno Meyerhof. O que é pesquisa em Direito e Economia?. *Cadernos Direito GV*, v. 5, n. 2, mar. 2008.

TIMM, Luciano B. (Org.). *Direito e Economia*. 2. ed. rev. e atual. Porto Alegre: Livraria do Advogado, 2008.

ZYLBERSZTAJN, Décio; SZTAJN, Raquel (Org.). *Direito e Economia*. Rio de Janeiro: Elsevier, 2005.

Informação bibliográfica deste texto, conforme a NBR 6023:2018 da Associação Brasileira de Normas Técnicas (ABNT):

GICO JR., Ivo T. Introdução à Análise Econômica do Direito. *In*: RIBEIRO, Marcia Carla Pereira; KLEIN, Vinicius (Coord.). *O que é Análise Econômica do Direito*: uma introdução. 3. ed. Belo Horizonte: Fórum, 2022. p. 21-30. ISBN 978-65-5518-359-7.

CAPÍTULO 1

AS LINHAS CRUZADAS ENTRE DIREITO E ECONOMIA VISTAS A PARTIR DOS GANHADORES DO PRÊMIO NOBEL

Marcia Carla Pereira Ribeiro

1.1 Introdução

Quando se atribui um prêmio a alguém significa que o premiado, num determinado momento, sob determinados parâmetros e por um determinado grupo de pessoas, foi considerado merecedor dele. Mas poucos prêmios repercutem mundialmente como a outorga do Prêmio Nobel em suas várias categorias.

No caso do prêmio atribuído à Economia, acrescido em 1968 à premiação original instituída por Alfred Nobel, em 1895, observa-se que já foram laureados teóricos de matizes intervencionistas (keynesianas) assim como liberais. E, mais recentemente, chamou a atenção pela escolha de trabalhos aplicados, fugindo à tradição de destaque atribuído às pesquisas teóricas.

Numa rápida passagem pelos últimos dez anos de premiação (de 2011 a 2021), é possível que se pondere sobre a relação entre o pensamento econômico destacado e o Direito, com ênfase especial no Direito Empresarial, Contratual e nas propostas de intervenção do Estado na Economia. Lembre-se que o Prêmio Nobel de Economia já foi atribuído a economistas, claro, mas igualmente a sociólogos, matemáticos e psicólogos, porém nunca foi atribuído a um jurista pelo exercício de sua ciência.

1.2 De 2011 a 2021

2011: Thomas J. Sargent e Christopher A. Sims receberam o prêmio por suas pesquisas sobre causas e efeitos nas políticas macroeconômicas adotadas pelos governos. Os pesquisadores alertam para a difícil delimitação entre os choques promovidos na economia e os efeitos das ferramentas utilizadas para contê-los. As sucessivas crises econômicas que já afetaram ou afetam economias em escala mundial podem sugerir iniciativas impositivas, planos econômicos, com o propósito de contornar seus efeitos negativos. Tais iniciativas estão relacionadas à edição de normas provindas das autoridades econômicas ou financeiras, logo, normas impositivas editadas pelo Poder Legislativo ou pelo Poder Executivo e que compõem o arcabouço jurídico do país ou comunidade.

2012: Alvin E. Roth e Lloyd S. Shapley criaram métodos de associação entre os agentes da economia para otimizar oferta e demanda no mercado, por meio da utilização de um algoritmo (Gale-Shapley). Alvin

Roth aprofunda suas pesquisas e debates em temas sobre a influência direta do capital na construção das regras. Tanto que um de seus ensaios mais famosos enfoca, justamente, como o capital tem influência direta no modo como são construídas as regras. Seus estudos e propostas são de cunho propositivo e já serviram de base para ações do Estado, especialmente nos Estados Unidos. A relação entre os mercados e as mudanças normativas não deixa de fora a interface necessária entre o Direito e a economia do mundo real.

2013: Eugene Fama, Lars Hansen e Robert Shiller foram laureados por suas pesquisas centradas na busca de parâmetros para a identificação de tendências do mercado financeiro. Seus estudos confirmam a inviabilidade de qualquer previsão sólida sobre o valor dos ativos comercializados no mercado financeiro no curto prazo, mas confirmam a viabilidade de projeções para períodos maiores (de três a cinco anos). Não é difícil de se concluir que as decisões de investimento se associam a aspectos institucionais relacionados à instabilidade política e jurídica, dentre outros, que muitas vezes estão na base das correntes de pensamento que negam qualquer possibilidade de racionalidade nas previsões quanto ao resultado dos investimentos.

2014: Jean Tirole se voltou de forma específica à regulação, mais particularmente, àquela dos mercados. Confirmou as teorias que identificam nos carteis e monopólios práticas que produzem efeitos deletérios para a economia, favorecendo o aumento de preços, o desequilíbrio entre oferta e demanda, além de contribuir para a permanência no mercado de empresas pouco eficientes. Os estudos de Tirole servem de parâmetro para decisões de intervenção no domínio econômico via regulação, especialmente no que se refere às atividades que mais facilmente se associam à formação de monopólios ou oligopólios.

2015: Angus Deaton, diferentemente dos outros laureados mencionados que têm suas pesquisas inseridas no campo da macroeconomia – e, portanto, estreita relação com aspectos de políticas públicas –, desenvolve análise microeconômica no âmbito do consumo, pobreza e bem-estar, partindo da premissa da importância de se entender as escolhas de consumo individuais quando se pretende projetar uma economia de redução da pobreza. Ainda que sob o plano das decisões individuais de consumo, suas conclusões têm influenciado na formulação de políticas públicas, auxiliando, por exemplo, a determinar como grupos sociais diferentes são afetados por mudanças específicas em tributação.

2016: Oliver Hart e Bengt Holmström trabalham questões societárias relacionadas à opção empresarial em realizar uma fusão de empresas. Hart retoma a tradição de estudos econômicos relacionados aos contratos que já haviam consagrado outros brilhantes economistas, como Oliver Williamson (premiado no ano de 2009), e apresenta estudos sobre a informalidade nas relações negociais e sobre a efetividade das cláusulas contratuais flexíveis em contraposição às rígidas. Quer seja nos aspectos relacionados à operação de fusão, quer seja nos estudos sobre contratos, há uma clara conexão com temas jurídicos.

2017: Richard Thaler concentra seus estudos em assuntos que relacionam a Psicologia à Economia, refutando parcialmente premissas muito caras à economia neoliberal sobre a racionalidade humana na tomada de decisões, com base em questões de ordem subjetiva ou cultural que, ao interferir, podem, inclusive, afastar as escolhas maximizadoras, tomadas como absolutas por algumas correntes teóricas. Seus estudos sobrelevam elementos que poderiam ser considerados de menor importância, provocados por falsas concepções da realidade, pelo sentido de urgência ou por experiências passadas que nem sempre estão na base das melhores escolhas. Logo, o foco do economista está na análise dos comportamentos e de sua (im) previsibilidade. Um traço claro de aproximação entre Direito e Economia é que ambas as ciências se voltam à análise e previsão de comportamentos; o Direito, sobretudo pela via de sua indução, cuja eficiência pode ser confrontada com as conclusões de Thaler.

2018: William D. Nordhaus e Paul M. Romer adotam as premissas da escassez e de que o grau de desenvolvimento de um país está diretamente relacionado a como serão superados os entraves que decorrem da natureza. Para Romer, é o conhecimento que determinará se os entraves serão ou não adequadamente superados e será o conhecimento acumulado no longo prazo que conduzirá ao crescimento econômico. Também demonstra em seus estudos que as forças econômicas induzem as empresas a produzirem novas ideias e que as ideias constituem uma categoria de bens que depende de condições específicas para prosperar no mercado. Nordhaus estuda as interações entre sociedade, economia e mudanças climáticas, tendo criado um modelo quantitativo que descreve a relação entre economia e clima. Esse modelo é usado para o estudo das consequências das políticas de intervenção climática, como seria exemplo a criação de um imposto global que penalize a emissão de gases do Efeito Estufa. Sob a ótica do conhecimento ou da tecnologia acumulada no longo prazo, assim como da efetividade das políticas públicas, aspectos institucionais relacionados ao Direito têm o potencial de acelerar ou criar entraves que certamente repercutirão nas políticas econômicas.

2019: Abhijit Banerjee, Esther Duflo e Michael Kremer foram laureados por seus estudos teóricos sobre as estratégias para redução da pobreza global. Estudos derivados de experimentos práticos levados a cabo na Índia, com programas de aulas de reforço e campanhas de saúde preventiva. As aulas de reforço direcionadas a alunos de pior desempenho demonstrou ser uma política muito mais efetiva do que a disponibilização de mais livros didáticos e refeições escolares gratuitas. Os pesquisadores apostam em ações menores e objetivas para a melhoria da educação e da saúde. Mostraram, por exemplo, em seus experimentos, que as pessoas mais pobres são extremamente sensíveis a preços e gratuidade nos cuidados de saúde preventivos. Os aportes dessa modalidade de pesquisa podem ser usados tanto na análise da eficácia de políticas públicas instaladas pela via das instituições formais, quanto para a sua melhoria.

2020: Paul R. Milgrom e Robert B. Wilson foram premiados por seus trabalhos sobre melhoria na teoria nos leilões, em particular para atribuições de frequências de telecomunicações. Os pesquisadores contribuíram de forma efetiva para a criação de formatos inovadores de leilões, com potencial de produção de benefícios para a parte vendedora, para a parte compradora e também para os contribuintes. No âmbito das aquisições e alienações públicas são as normas jurídicas que definem seus procedimentos, e os estudos econômicos certamente contribuem para o seu aperfeiçoamento.

2021: David Card, Joshua Angrist e Guido Imbens foram laureados por pesquisas empíricas nas ciências sociais relativas à economia do trabalho (Card), e análise das relações causais (Angrist e Imbens). Card analisou os efeitos do salário-mínimo, da imigração e da educação no mercado de trabalho, tendo se valido de um experimento natural para investigar como o aumento do salário-mínimo afeta o emprego. Imbens e Angrist, por sua vez, confirmaram que conclusões sobre causa e efeito podem ser tiradas de experimentos naturais e disponibilizaram uma estrutura que tem sido amplamente adotada por pesquisadores que trabalham com dados observacionais. Entender os impactos da adoção e fixação do salário-mínimo é ferramenta essencial para que a sua definição, por meio da lei, parta de critérios objetivos que possam contribuir para a sustentabilidade econômica, mesma investigação de causa e efeito que pode ser lograda, no âmbito da criação normativa, pela adoção, por exemplo, da análise de impacto regulatório.

1.3 A título de conclusão

Ao se aproximar (e eventualmente se apropriar) de pesquisas de grande repercussão mundial no âmbito das ciências sociais aplicadas ou até mesmo da matemática, o Direito, de forma especial no que se refere à elaboração ou ao aprimoramento das normas, terá maior probabilidade de contribuir efetivamente nos processos de desenvolvimento social e econômico e, ao contrário do que se possa imaginar, não estará abandonando seus valores, mas retirando-os de sua inércia meramente retórica.

Referências

THE NOBEL PRIZE. *Defender of the Earth, fighter for democracy*. [s.d.]. Disponível em: https://www.nobelprize.org. Acesso em 19 mar. 2022.

BOMFIM, Ricardo. Nobel de economia já premiou liberais e keynesianos: conheça todos os laureados. 11 out. 2021. Disponível em: https://www.infomoney.com.br/economia/premio-nobel-de-economia-lista-de-vencedores/. Acesso em 01 mar. 2022.

Informação bibliográfica deste texto, conforme a NBR 6023:2018 da Associação Brasileira de Normas Técnicas (ABNT):

RIBEIRO, Marcia Carla Pereira. As linhas cruzadas entre direito e economia vistas a partir dos ganhadores do prêmio Nobel. *In*: RIBEIRO, Marcia Carla Pereira; KLEIN, Vinicius (Coord.). *O que é Análise Econômica do Direito*: uma introdução. 3. ed. Belo Horizonte: Fórum, 2022. p. 31-38. ISBN 978-65-5518-359-7.

CAPÍTULO 2

PRINCÍPIO DA EFICIÊNCIA

Maurício Vaz Lobo Bittencourt

2.1 Relação do Direito com a Economia

Cada vez mais tem aumentado a utilização de postulados da Economia ao Direito, através de uma análise do fenômeno jurídico sob uma perspectiva econômica, o que chamamos de Análise Econômica do Direito (AED). Esta permite a atribuição de função clara ao Direito, de modo a tornar eficientes as relações sociais, propiciando uma maior interação do Direito com as demais ciências sociais.

Em geral, a Economia trata não só do dinheiro ou das leis econômicas, mas das implicações da escolha racional, mesmo que limitada, e por essa razão é uma ferramenta essencial para entendermos os impactos e implicações das normas legais, de modo que esta avaliação serve para decidir quais normas devem ser estabelecidas ou modificadas dentro de um determinado contexto.

Dentre os vários pressupostos da teoria econômica, o pressuposto fundamental desta abordagem em relação à lei e a todas as outras coisas é que as pessoas são assumidas como sendo racionais, ainda que de forma limitada. Quais leis serão aprovadas, como elas serão interpretadas e postas em prática, no fim das contas, depende de qual comportamento será do interesse racional dos formuladores e aplicadores do Direito.

Mas nem todos os indivíduos de uma sociedade são racionais. Além disso, não é possível se conhecer – as grandes massas às quais as análises econômicas das leis serão aplicadas – bem o suficiente para incorporar suas irracionalidades à análise do efeito das regras legais sobre o seu comportamento. Mas, mesmo esses indivíduos irracionais possuem objetivos a atingir e tentam, embora de forma imperfeita, escolher a forma correta de fazê-lo. Esse é o elemento previsível no comportamento humano e é sobre o mesmo que a Economia é baseada.

Para o economista, não se deve prestar atenção apenas na observação das consequências das ações dos indivíduos, mas na observação das consequências erradas. Ou seja, *as regras jurídicas devem ser julgadas pela estrutura de incentivos que estabelecem e as consequências de como as pessoas alteram o seu comportamento em resposta a esses incentivos.*

Nesta lógica, a racionalidade pode ser um pressuposto tido como pessimista quando aplicada às pessoas que supostamente agem segundo os interesses de terceiros, como juízes ou legisladores. A sua racionalidade pode consistir em sacrificar racionalmente os interesses que supostamente servem, como a justiça e o bem público, em favor de seus próprios interesses privados. Se a utilização da lei com objetivos distributivos é difícil, parece razoável que os juízes deixem a redistribuição para os legisladores e preocupem-se com a eficiência.

Portanto, a partir da concepção de norma jurídica como incentivo a determinados comportamentos, as sanções nelas imputadas como custos, e a aposição da eficiência das escolhas como centro de preocupação pelo Direito, é que a AED constitui abordagem bastante útil para a descrição do fenômeno jurídico.

Dentre os pressupostos da AED, podemos destacar o exame das escolhas racionais feitas pelos indivíduos, e a eficiência dessas decisões. Conforme Posner (1998), "as pessoas são maximizadoras racionais de suas próprias satisfações – todas as pessoas, em todas as suas atividades que implicam uma escolha".

A análise econômica do fenômeno jurídico parte da premissa de que, quando se deparar com mais de uma opção de atuação, ou mais de uma conduta possível, o homem racional inevitavelmente levará em consideração a relação custo-benefício entre as opções possíveis, de modo a optar pela que melhor atenda aos seus interesses.

A eficiência dessas escolhas, por sua vez, também é objeto de preocupação pelos estudiosos da interação entre Direito e Economia, já que, a eficiência das decisões tomadas no âmbito do Direito tem reflexo direto na melhor ou pior alocação dos recursos disponíveis.

2.2 Eficiência econômica[1]

Enquanto a eficácia busca mensurar a distância entre os resultados obtidos e os objetivos de uma prática ou ação; a efetividade tenta aferir a capacidade de se produzir um impacto ou efeito; a eficiência pode ser vista em termos de economia no uso dos recursos, quando assume-se uma consistência no comportamento dos agentes econômicos nas suas tomadas de decisão. Assim, quando um empresário toma decisões a respeito do processo produtivo no qual ele está envolvido, a preocupação deve ser a de se obter a maior produção possível com o menor uso dos recursos disponíveis. Como existem diversos custos envolvidos neste processo de tomada de decisão, é de se esperar que tal decisão seja eficiente quando a mesma possibilita obter o maior retorno possível, levando-se em consideração os custos envolvidos no processo.

Desta forma, o conceito de eficiência pode ser aplicado individualmente aos agentes econômicos e instituições, incluindo empresários, consumidores, governo ou, de forma coletiva, pensando na sociedade como um todo.

Ou seja, o significado de eficiência econômica passa por diversas posições de fundamental importância para a literatura econômica e social. Dentro do aspecto econômico e coletivo, a eficiência inicia-se pela definição de Vilfredo Pareto,[2] quando afirmou que a eficiência econômica

---

[1] Para detalhes adicionais, consultar KREPS, 1990.

[2] Vilfredo Federico Damaso Pareto (1848-1923), economista e engenheiro italiano, responsável pelo importante conceito "Otimalidade de Pareto",

acontece quando se verifica que a melhoria da situação de um determinado indivíduo, ou família, ou classe social, necessariamente corresponde a uma piora na situação de um outro indivíduo, ou família, ou classe social.

Portanto, está-se em equilíbrio, ou se está em uma posição de eficiência econômica, na versão de Pareto; caso contrário, estar-se-á em uma situação de ineficiência, consequentemente, far-se-á necessário um ajuste econômico (ou legal) para se remover tal empecilho devastador.

Segundo Penna (1982), ao se referir às contribuições de John Rawls:

> O princípio de eficiência, que Rawls apresenta tal qual formulado por Vilfredo Pareto, sustenta, concretamente, que uma configuração é eficiente quando se torna impossível melhorar as condições de vida de algumas pessoas, sem ao mesmo tempo provocar prejuízos a outros. Repito, na tradução de Chacon (1976): "Uma distribuição de um montante de bens entre certos indivíduos será eficiente quando não se puder fazer uma redistribuição desses bens, sem que a melhora de pelo menos um desses indivíduos venha a provocar prejuízos a alguém".

A eficiência definida por Pareto é individualista em dois pontos: primeiro, esta só se ocupa do bem-estar de cada pessoa, não do bem-estar relativo de diferentes indivíduos. Ou seja, não se preocupa com a desigualdade; segundo, só conta com a percepção que cada pessoa tem do seu bem-estar.

---

o qual se refere à distribuição ótima de bens e/ou recursos dentro de um sistema econômico.

É nesta hora que se unem a eficiência econômica com o desenvolvimento de toda a economia, incluindo o sistema legal, com o objetivo principal de que este desenvolvimento esteja acompanhado da eficiência, que proporcione o bem-estar que a sociedade realmente necessita, para que se alcance, em verdade, um desenvolvimento econômico e social para todos.

2.3 Eficiência no Direito

No Direito, especificamente na Administração Pública brasileira, a preocupação com a eficiência não é recente, e tem crescido com o advento da Emenda Constitucional nº 19/98. Este interesse se justifica com a desigualdade socioeconômica de nossa sociedade e a ineficiência da Administração Pública.

A eficiência é princípio que se soma aos demais princípios impostos à Administração, não podendo sobrepor-se a nenhum deles, especialmente ao da legalidade, sob pena de sérios riscos à segurança jurídica e ao próprio Estado de Direito.

Eficiência é uma ideia muito próxima à de economicidade. Almeja-se atingir os objetivos, traduzidos por boa prestação de serviços, do modo mais simples, mais rápido e mais econômico possível, elevando a relação custo/benefício do trabalho público.

O administrador deve sempre procurar a solução que melhor atenda ao interesse público do qual é responsável. Mesmo sem estar explícito anteriormente, o princípio da eficiência estava presente na ordem político-jurídica, por ser consequência lógica do Estado de Direito organizado.

2.4 O princípio da eficiência

De forma a ilustrar o papel que a eficiência tem na sociedade, observa-se que a análise da eficiência da Administração Pública adquiriu uma grande importância na sociedade moderna, pois não é interessante a manutenção de uma estrutura ineficiente. Esta importância ganhou normatividade, transformando-se em um princípio a ser observado por todo o ordenamento jurídico no que tange à Administração Pública. Entretanto, cumpre verificarmos como deve ser interpretado tal princípio. A eficiência, como princípio jurídico, possui novas características, gerando, também, inúmeros conceitos do *princípio da eficiência*, os quais podem acabar sendo manipulados por conotações ideológicas e não jurídicas.

No entanto, os diferentes conceitos do princípio da eficiência podem servir para se analisar, de forma mais completa, diversas situações em que existe uma forte interação entre o Direito e a Economia. Dentre tais situações, podemos destacar o que os economistas chamam de "teoria dos contratos", a qual foi desenvolvida a partir dos anos 1980, e que conta com uma análise dinâmica de como os contratos de compra e venda de bens e serviços ocorrem e são normatizados, a partir do princípio da eficiência econômica. Neste tipo de análise são considerados elementos bastante complexos, tais como a incerteza e o risco, a assimetria de informação, o tempo, o comportamento dos agentes, os tipos de contratos – se incompletos, passíveis de serem renegociados etc. – permitindo analisar, inclusive, questões de direito de propriedade e de controle.

De modo geral, essas aplicações do princípio da eficiência são de difícil análise, já que em Economia, na maioria das vezes, assume-se que o sistema legal funciona de forma perfeita, ou seja, os interessados em qualquer contrato não precisam se preocupar com o cumprimento das leis, inclusive com respeito às penalidades previstas para os agentes que não cumprirem os termos do contrato em análise.

Muitas vezes, não somente as informações privadas, mas as ações dos indivíduos, não são observáveis ao longo do tempo, e esta dificuldade é ainda maior quando existem contratos do tipo multilateral, ou seja, com diversos indivíduos envolvidos em um determinado tipo de contrato, os quais buscarão tirar proveito dos termos desse contrato de forma bastante individual e estratégica. Nesses contratos nos deparamos com enormes problemas para se obter e se analisar resultados contratuais de eficiência econômica, devido, principalmente (mas não exclusivamente), à falta de informações suficientes e à incerteza com relação ao comportamento dos indivíduos.

2.5 Considerações finais

Vimos que eficiência é fazer o melhor com a menor quantidade de recursos disponíveis, reduzindo o desperdício e buscando beneficiar os indivíduos de uma sociedade. A otimalidade de Pareto concerne exclusivamente à eficiência na dimensão das utilidades dos indivíduos, sem considerar as distribuições relativas dessas utilidades. Ou seja, questões distributivas ou igualitárias não são contempladas nesta definição genérica.[3]

Partindo das premissas de que a ponderação de custos e benefícios é intrínseca à tomada de qualquer decisão por parte dos indivíduos racionais, e de que as escolhas efetuadas sempre geram consequências, concluímos que a teoria econômica permeia de objetividade e, consequentemente, de segurança jurídica, a atuação do julgador, o que pode contribuir para torná-la mais eficiente e justa.

Compreendemos que, ao promover uma verificação dos custos da decisão, em comparação aos benefícios que esta pode trazer não só às partes litigantes, mas também aos demais integrantes do corpo social, bem como ao utilizar, como critério de decisão, as consequências que esta trará ao meio social, sejam essas consequências jurídicas ou econômicas, o julgador consegue uma distribuição muito mais eficiente dos recursos em litígio.

Tem sido frequente a constatação de que os governos submersos em burocracia gastam mal os recursos que arrecadam e têm grandes dificuldades para solucionar os problemas relativos à eficiência e à eficácia das suas ações em benefício da sociedade,[4] pois a prática indica que as forças negativas são superiores às forças propulsoras da modernidade.

É dever do administrador agir em conformidade com o ordenamento jurídico, com a moral administrati-

---

[3] Nesse sentido, ver: SEN, 1999.
[4] Bittencourt e Letti (2018) e Letti, Bittencourt e Vila (2020) ilustram um bom exemplo de heterogeneidade na (in)eficiência entre as universidades públicas brasileiras no uso de recursos públicos.

va e com o princípio da boa administração pública. Ou seja, os fins e os fundamentos da atuação administrativa devem ser definidos pelo Direito e a Economia, e deve ser um instrumento que indique o conjunto de alternativas que leve a um menor ou a um melhor gasto dos recursos, bem como a um maior alcance de fins com ou sem ampliação de recursos.

Em síntese, devido à existência de diversos graus de dificuldades na utilização do princípio da eficiência econômica pelos profissionais do Direito, é de extrema importância levar em consideração tais entraves na formulação, implementação, cumprimento e monitoramento das leis, de modo a se poder avaliá-las periodicamente, não só em termos de eficácia e efetividade, mas também em termos de eficiência, pois assim as leis podem ser refinadas e aprimoradas de forma a melhor servir à sociedade.

Referências

BITTENCOURT, Maurício; LETTI, Ariel. A (in)eficiência relativa das Universidades Públicas Brasileiras. *In*: SERRA, Maurício; ROLIM, Cássio; BASTOS, Ana Paula (Org.). *A (in)eficiência relativa das Universidades Públicas Brasileiras*. 1. ed. Rio de Janeiro: Ideia D, 2018.

KREPS, David. *A Course in Microeconomic Theory*. Princeton: Princeton University Press, 1990.

LETTI, Ariel; BITTENCOURT, Maurício; VILA, Luis. A Comparative Analysis of Federal University Efficiency across Brazilian Regions (2010-2016). *Revista Brasileira de Gestão e Desenvolvimento Regional*, v. 16, p. 369-381, 2020.

PENNA, José Osvaldo de Meira. Eficiência econômica. *Carta Mensal*, Rio de Janeiro, a. 28, n. 332, nov. 1982.

POSNER, Richard. *El Análisis Económico del Derecho*. México: Fondo de Cultura Económica, 1998.

SEN, Amartya Kumar. *Sobre ética e economia*. São Paulo: Companhia das Letras, 1999.

Informação bibliográfica deste texto, conforme a NBR 6023:2018 da Associação Brasileira de Normas Técnicas (ABNT):

BITTENCOURT, Mauricio Vaz Lobo. Princípio da eficiência. *In*: RIBEIRO, Marcia Carla Pereira; KLEIN, Vinicius (Coord.). *O que é Análise Econômica do Direito*: uma introdução. 3. ed. Belo Horizonte: Fórum, 2022. p. 39-49. ISBN 978-65-5518-359-7.

CAPÍTULO 3

ÓTIMO DE PARETO

Victor Hugo Domingues

Suponhamos que num país hipotético, onde não exista escassez de recursos, todos os governantes ideais utilizam apenas uma fórmula de fazer política e o Congresso, também hipotético, só aprova as políticas públicas se o critério virtual ideal for observado. Neste mundo dos sonhos, a fórmula política ideal é aquela em que só existe mudança sob a condição mínima de que haja, de um lado, a melhoria das condições de ao menos uma pessoa e, de outro lado, inexista prejuízo de quem quer que seja. Observado tal critério, a política pública em questão é adotada. Isto significa dizer que no país hipotético o critério é a *Melhoria de Pareto*, ou seja, o incremento da situação de qualquer indivíduo sem implicar prejuízo de terceiros.

O italiano Vilfredo Pareto foi um homem dedicado à vida pública e à ciência. Suas obras se espalham pelos diversos campos das ciências humanas, Sociologia, Economia e Política. As intrincadas relações desses campos da ciência foram objeto de estudo de Pareto. Em seu livro *Manual de Economia Política*, Vilfredo

Pareto assenta as bases do seu sistema de equilíbrio econômico.

Se no mundo ideal do primeiro parágrafo a Melhoria de Pareto fosse regra, os debates sobre políticas públicas pouco acrescentariam ao jogo democrático, pois na dúvida sobre acréscimo ou decréscimo de benefícios ou prejuízos, as escolhas das pessoas gozariam de tal objetividade que a Melhoria de Pareto seria sempre a primeira opção.

No mundo real, as coisas não funcionam exatamente assim. Raras vezes, a melhoria na condição de uma pessoa, ou de um grupo de pessoas, não prejudica outras pessoas. Por exemplo, o aumento da carga das contribuições previdenciárias obrigatórias beneficia os trabalhadores, porém retira dos empresários a possibilidade de investir em produção, o que implica modificação do valor do produto ao consumidor final, influenciando o preço de determinado bem ou serviço. No mundo dos recursos limitados são várias as situações em que nos deparamos com a condição de que para alguém ganhar, outra pessoa precisa perder.

Porém, quando chegamos a um ponto "Ótimo de Pareto", também chamado de "Pareto Eficiente", pode-se dizer que não existe mais a possibilidade de alterar qualquer situação entre as partes, sem que algumas delas sejam prejudicadas, impedindo o aumento do benefício de alguém infinitamente aos custos alheios. O "Ótimo de Pareto" é o exato momento de equilíbrio em que todas as ações a serem tomadas não incrementam a condição dos agentes sem prejudicar outros. Neste exato momento está caracterizado o critério de eficiência de Pareto.

Em seu *Manual de Economia Política*, Pareto adverte os leitores que seu objetivo é unicamente identificar as uniformidades dos fenômenos, sem com isso carregar as escolhas individuais ou coletivas de qualquer juízo de valor: bom, ruim, justo, injusto, certo ou errado. Tal raciocínio sugere que podemos encontrar inúmeras situações "ótimas", de acordo com Pareto.

Vamos a um exemplo prático: um açude público com 800.000 litros/mês de capacidade de armazenamento, onde captam água a *Fazenda A* e a *Fazenda B*. A captação da *Fazenda A* é de 600.000 litros/mês e a captação da *Fazenda B* de 200.000 litros/mês. Suponhamos que a necessidade do recurso "água" das fazendas seja a mesma, isto é, a *Fazenda A* e a *Fazenda B* têm o mesmo número de hectares para irrigar, o mesmo número de animais para criar, o mesmo número de empregados para alimentar. Muito embora a situação não pareça ser justa para os operadores do Direito, estamos diante de uma situação "Pareto Eficiente". Não há como aumentar o benefício de qualquer uma das fazendas sem prejudicar a fazenda do outro. Se aumentarmos o consumo da *Fazenda B*, diminuímos o consumo da *Fazenda A*, e vice-versa. O exemplo apresentado permite afirmar que a concentração de recursos nas mãos de um único agente também pode ser ótima no sentido de Pareto. Caso a divisão do uso da água fosse – inicialmente – 500.000 litros/mês para cada fazenda, estaríamos também diante de uma situação "Pareto Eficiente". Qual então a influência do Ótimo de Pareto para o Direito?

Primeiramente, pode-se afirmar que todos os agentes econômicos, sob a premissa básica de que os agentes agem racionalmente, adotariam uma Melhoria de Pareto se tivessem esta alternativa, ou seja, se a mudança de condições beneficia uma única pessoa sem prejudicar ninguém, esta alteração deveria ser realizada. Esta circunstância pode ser levada para o campo das modificações legislativas, por exemplo.

No entanto, são raras as vezes em que as alterações políticas ou legislativas não influenciam alguém ou alguma relação entre as pessoas, de forma a beneficiar uns aos custos de outros. Tampouco duas situações "ótimas" podem ser comparadas objetivamente. Digamos que a produção das duas fazendas seja completamente diferente, e em um período de chuvas a capacidade do açude foi aumentada em 400.000 litros de água/mês, e que a *Fazenda B* se apropria integralmente da água excedente para então se equiparar ao consumo da *Fazenda A*. À primeira vista, essa pode parecer uma divisão justa, mas suponhamos que a *Fazenda A* tenha uma necessidade de irrigação muito superior à *Fazenda B*. Imaginem que a *Fazenda A* empregue muito mais trabalhadores e destine toda a sua produção para exportação, produzindo mais riquezas. A utilidade que a *Fazenda A* faria da água é muito superior à da *Fazenda B*, o que nos permite dizer então que o critério de eficiência de Pareto já não dá conta de comparar duas situações "ótimas", e entre elas escolher qual é preferível.

Por tal razão, a eficiência em Pareto não é isenta de críticas. Como optar entre duas situações ótimas? Ao passo que uma "Melhoria de Pareto" é sempre bem-vinda, podemos dizer que uma situação "Ótima de Pareto" nem sempre é preferível a uma situação não "ótima". Isso se observa quando nos deparamos com a preferência das pessoas. Imaginemos um exemplo com figurinhas da Copa do Mundo: num caso em que eu disponha de 20 figurinhas, e meu colega também de 20 figurinhas, estamos diante de uma situação "ótima". Ninguém poderá ceder ou receber figurinhas do colega, sem acréscimo ou decréscimo do seu acervo. Porém, suponhamos que eu sou brasileiro e meu colega é argentino, sendo que minha preferência lógica é pelas figurinhas da seleção do meu país. Neste exemplo, das 20 figurinhas do meu acervo, 17 são da seleção argentina, e o meu amigo possui 10 figurinhas da seleção brasileira. Trocando as figurinhas brasileiras do meu colega pelas minhas figurinhas argentinas eu ficarei com 13 figurinhas e meu colega com 27. Neste caso, não haverá uma melhora no sentido Paretiano, mas, com certeza, haverá melhoria para mim, que sou brasileiro, e ficarei com mais figurinhas da seleção nacional, mesmo com menor número de figurinhas no total.

Por tais exigências, o critério de eficiência apresentado por Pareto sofisticou-se ao longo do tempo e um dos precursores desta mudança foi Alfred Marshall. A eficiência não pretende supor o que é bom ou ruim, certo ou errado, justo ou injusto, apenas traçar um critério sob o qual recaia o mínimo de subjetividade a ser balanceada, quiçá nenhum julgamento de valor. Para isso, Marshall propôs um novo conceito de melhoria. Nos casos em que as mudanças coletivas acarretam melhorias para uns e retrocessos para outros, poderíamos simplesmente perguntar aos envolvidos quanto em dinheiro os beneficiados estariam dispostos a pagar para efetivar sua situação de melhora e quanto os prejudicados estariam dispostos a receber para permitir a aplicação da modificação em face do prejuízo que estariam aptos a suportar. Se o total pago pela melhoria apresentar um ganho líquido, então podemos dizer, segundo Marshall, que a alteração é eficiente, torna-se compensador aos beneficiados arcar com os custos do retrocesso imposto aos prejudicados, assim como para os prejudicados "vale mais a pena" o dinheiro recebido para suportar o prejuízo da modificação do que permanecer no *status quo*. Ocorre que as pessoas não dão o mesmo valor para o dinheiro, por certo que U$1,00 (um dólar) tem um significado muito diferente para o morador de rua e para o executivo industrial, o que nos força a dizer que o modelo ainda está em constante adaptação, mas pode ser extremamente útil para pessoas que detêm o mesmo nível socioeconômico. Não se trata de dizer, também, que tudo está reduzido ao preço. O preço em dinheiro é apenas a medida monetária do benefício, outros bens podem ser suscitados no ambiente de negociação, assim como outras medidas de mensuração: figurinhas, quilogramas, ar puro, bits, metros, flores, hectares, livros, carros etc. Tal critério corresponde também ao que em análise econômica antecedeu os estudos econômicos de Nicholas Kaldor e John Hicks, mais conhecido como Teorema de Kaldor-Hicks, que definiu a alternativa de maior relevância ao conceito de eficiência de Pareto.

Os instrumentos da Economia aplicados ao Direito não têm a pretensão de predizer o que é melhor, no sentido moral do que "deve ser", mas sim do que é eficiente. Utilizar as ferramentas da Análise Econômica do Direito é, sobretudo, viabilizar uma decisão com menores oscilações subjetivas. O exemplo de David Friedman é bastante elucidativo: o critério "eficiência" permite que os economistas somente respondam as questões que efetivamente possam responder melhor do que as questões que eles efetivamente são submetidos. É como afirmar que a *Fazenda A* seria mais eficiente no uso da água excedente do que a *Fazenda B*. Fazer conjecturas sobre justiça, moral e ética é missão do Direito, que muitas vezes ignora critérios eficientes na distribuição de recursos escassos, daí o conflito entre Direito e Economia. Outro famoso exemplo de David Friedman é constatar que uma pessoa bêbada, quando perde a sua carteira na rua, procura sempre sob o facho de luz do poste, e não em toda a escuridão da área não iluminada. Maniqueísmos à parte, a Economia é o facho de luz, a escuridão é o vasto campo dos valores subjetivos utilizados no Direito.

Aliar a teoria à prática sempre foi o desafio dos juristas, especialmente quando o sistema germânico romano como o nosso, extremamente apegado às âncoras legais, asfixia inovações metodológicas e perpetua ineficiências disfarçadas de justiça. Parafraseando Ronald Coase "devemos atentar para o efeito total".

Discutir as diversas interpretações da escola denominada Análise Econômica do Direito exige, primeiramente, abandonar posições particularistas tão comuns aos operadores do Direito; segundo, adotar um novo método científico, pois mesmo no seio da Análise Econômica do Direito multiplicam-se ideologias das mais diversas correntes. Porém, a maior vantagem desta metodologia é permitir o abandono de ideologias que não têm conexão com a realidade.

Referências

ARAÚJO, Fernando. *Análise Económica do Direito*: programa e guia de estudo. Coimbra: Almedina, 2008.

FRIEDMAN, David D. *Price theory*: an intermediate text. Cincinnati: South-Western Publishing Co., 1986-1990. Disponível em: http://www.daviddfriedman.com/Academic/Price_Theory/PThy_Chapter_15/PThy_Chap_15.html. Acesso em 10 set. 2021.

HICKS, John. Foundation of Welfare Economics. *Economic Journal*, v. 49, n. 196, p. 696-712, dec. 1939.

KALDOR, Nicholas. Welfare Propositions of Economics and Interpersonal Comparisions of Utility. *Economic Journal*, v. 49, n. 195, p. 549-552, sep. 1939.

KRAUSE, Martín. *Análisis Económico del Derecho*: aplicación a fallos judiciales. Buenos Aires: La Ley, 2006.

PARETO, Vilfredo. *Manual de Economia Política*. (Trad. João Guilherme Vargas Netto). 2. ed. São Paulo: Nova Cultural, 1987. v. 1 e v. 2.

RODRIGUES, Vasco. *Introdução à Análise Económica do Direito*. Coimbra: Almedina, 2007.

Sites de interesse

CENTRE d'études interdisciplinaires Walras Pareto. Disponível em: http://www.unil.ch/cwp. Acesso em 10 jan. 2022.

ENCYCLOPEDIA of Law And Economics. Disponível em: http://encyclo.findlaw.com/. Acesso em 10 jan. 2022.

Informação bibliográfica deste texto, conforme a NBR 6023:2018 da Associação Brasileira de Normas Técnicas (ABNT):

DOMINGUES, Victor Hugo. Ótimo de Pareto. *In*: RIBEIRO, Marcia Carla Pereira; KLEIN, Vinicius (Coord.). *O que é Análise Econômica do Direito*: uma introdução. 3. ed. Belo Horizonte: Fórum, 2022. p. 51-58. ISBN 978-65-5518-359-7..

CAPÍTULO 4

AS TRAGÉDIAS DOS *COMUNS* E DOS *ANTICOMUNS*

Eduardo Oliveira Agustinho

4.1 Introdução

A "tragédia dos *comuns*" é uma metáfora utilizada para representar a inevitável "infelicidade" da condição humana diante do descompasso entre as suas necessidades ilimitadas e os limitados recursos disponíveis no planeta.

A expressão foi empregada como título de artigo escrito em 1968 por Garrett Hardin, biólogo norte-americano que busca associar a ideia simbólica de "tragédia" às consequências negativas advindas do processo de crescimento populacional.

Desde então, esta metáfora é empregada como suporte para a defesa da propriedade privada como o sistema mais eficiente para a alocação de recursos, fundando-se na compreensão de que a ausência de limites para o acesso aos bens disponíveis em uma sociedade tende a propiciar a sua sobreutilização e o risco do seu esgotamento.

Trinta anos após, Michael Heller, jurista norte-americano voltado ao estudo do direito de propriedade, demonstra que o excesso de fragmentação na propriedade privada pode também levar a uma situação trágica, propiciando a subutilização dos recursos disponíveis, à qual denominou "tragédia dos *anticomuns*".

O presente artigo tem por objetivo fornecer elementos para a melhor compreensão dessas expressões, tendo sido fortemente baseado nos textos de ambos os autores citados.

Em um primeiro momento, relatam-se as origens, os fundamentos e as conclusões propostas nas "tragédias dos *comuns* e dos *anticomuns*", para então se apresentar alguns exemplos contemporâneos e as propostas para que essas "tragédias" se convertam em "comédias".

4.2 A tragédia dos *comuns*

Para Garrett Hardin, o descompasso entre as necessidades humanas e os recursos naturais disponíveis representa uma tragédia pela inegável inexistência, nas ciências naturais, de qualquer espécie de solução técnica que permita reverter esse processo.

O maior intuito do autor é o de demonstrar que o caminho para enfrentar este impasse perpassa, necessariamente, pela mudança dos valores que atualmente orientam a humanidade, precipuamente quanto à noção de liberdade individual.

Como uma forma de ilustração dos efeitos negativos que a noção contemporânea de liberdade individual tende a gerar em um quadro de superpopulação mundial, Garrett Hardin recorre ao exemplo empregado pelo matemático

William Foster Lloyd, em 1883, atribuindo ao fenômeno observado a denominação de "tragedy of the commons".[1]

Os *comuns*, amplamente utilizados na Europa medieval, eram porções de terra nas quais os pastores criavam os seus rebanhos, cujo acesso era aberto de forma irrestrita a todos. Em certa época, observou-se que os animais desses rebanhos começaram a morrer em níveis preocupantes. Nesse quadro, empregando-se as premissas da economia neoclássica no sentido da maximização de sua utilidade, realiza-se a análise do previsível comportamento dos pastores na utilização desses *comuns* para a compreensão das consequências de suas decisões individuais sob a perspectiva coletiva.

Desse modo, tem-se que o pastor, ao ponderar sobre a viabilidade econômica em agregar mais um animal ao seu rebanho, tem a sua utilidade baseada em dois componentes. O componente positivo é representado pelo ganho que o aumento do rebanho tende a lhe proporcionar, tido como (+1). De outro lado, o componente negativo é dado pelo quanto isso representa ao seu custo de manutenção. Considerando que este é suportado por todos os pastores que utilizam os *comuns*, tem-se que este acréscimo é uma fração de (-1). Sendo assim, sob o escopo da racionalidade econômica de cada pastor, é sempre viável aumentar o seu rebanho. Ocorre que, como todos os pastores chegam a esta mesma conclusão, o pasto passa a ser insuficiente para alimentar a todos os animais. Essa liberdade de acesso representa, assim, a ruína, tanto dos *comuns* quanto dos rebanhos.[2]

---

[1] Nesse sentido, ver: HARDIN, 1968, p. 1243-1248.
[2] "Freedom in a commons brings ruin to all". (HARDIN, 1968, p. 1244).

Esta então é a tragédia. Todo ser humano busca individualmente a maximização da sua utilidade de forma infinita em um mundo cujos bens são finitos. Desse modo, o exercício dessa liberdade, ao invés de representar o resultado positivo racionalmente esperado por cada um isoladamente, conduz à sobreutilização e ao esgotamento dos recursos naturais.

Com esta metáfora o autor pretende demonstrar que a lógica preconizada por Adam Smith, e apropriada pelos economistas neoclássicos, no sentido de que o exercício da liberdade individual representa ganhos coletivos, é incompatível com um quadro de limitação dos recursos disponíveis.

Desse modo, o autor destaca que o emprego de sistemas coletivistas, como o uso dos *comuns*, foi sustentável enquanto o nível populacional permanecia compatível com a sua possibilidade de fruição, o que se deu em nossa sociedade por um longo período, em virtude da alta taxa de mortalidade gerada por doenças, guerras e demais vicissitudes. A partir do momento em que se passa a ter maior estabilidade social, percebe-se a gradativa mudança desse sistema, passando a prevalecer o regime de propriedade privada, limitando-se, assim, o direito de acesso em prol do uso mais eficiente dos recursos, de modo que essa restrição da liberdade individual passa a representar ganhos sob o escopo do interesse coletivo.

Observe-se que a preocupação central de Garrett Hardin é com os efeitos do aumento da população dentro da concepção de liberdade de decisão que permeia a sociedade contemporânea. Para o autor, é necessário refletir sobre a adoção de políticas de controle de natalidade como um meio de estabilização do crescimento populacional. Assim, do mesmo modo que a humanidade passou a aceitar a restrição de acesso aos bens como algo positivo no passado, hoje em dia seria preciso questionar a liberdade de decisão quanto à reprodução humana como um valor social a ser restringido em prol da própria preservação da espécie.

Dentro da Análise Econômica do Direito, todavia, não é este o aspecto considerado mais marcante no texto desse autor. A perspectiva da metáfora mais valorizada é pertinente à demonstração clara e concreta da prevalência da propriedade privada como o regime que propicia maiores ganhos econômicos e sociais, sob o escopo coletivo.

Nas palavras do próprio Garrett Hardin, a propriedade privada pode não ser o melhor sistema sobre o ponto de vista da justiça distributiva, mas melhor a injustiça que a ruína.[3]

4.3 A tragédia dos *anticomuns*

Não obstante o convincente argumento proveniente da "tragédia dos *comuns*", é preciso observar que, consoante a forma de distribuição do direito de propriedade privada, a exclusão ao acesso pode, do mesmo modo que a liberdade, transformar-se em um problema.

---

[3] "We must admit that our legal system of private property plus inheritance is unjust-but we put up with it because we are not convinced, at the moment, that anyone has invented a better system. The alternative of the commons is too horrifying to contemplate. Injustice is preferable to total ruin" (HARDIN, 1968, p. 1247)..

Michael Heller demonstra que na hipótese de fragmentação do direito de propriedade de um determinado recurso de tal forma que (i) inviabilize o seu pleno uso por um de seus titulares isoladamente, mas, ao mesmo tempo, (ii) permita que um titular bloqueie o acesso pelos demais, tem-se um quadro no qual a tendência é a de subutilização desse bem, gerando a "tragedy of the anti-commons".

Ao estudar o processo de privatização subsequente ao esfacelamento da União Soviética, o autor observou um fenômeno peculiar na formação do comércio de varejo em Moscou. As suas instalações eram formadas por quiosques sobre as calçadas da rua central da cidade, o que, em uma primeira visão, não representa uma novidade. Porém, o que causava estranheza era o fato de que os imóveis para a instalação de pontos comerciais que ficavam exatamente na frente desses quiosques sobre a calçada se encontravam todos fechados. A curiosidade estava em compreender porque os lojistas preferiam manter-se sobre a calçada, em barracas, no frio de Moscou, ao invés de alugar os espaços fechados logo à sua frente.

A compreensão desse fenômeno perpassa por entender a forma como se deu a privatização desses bens após a introdução desse país no sistema capitalista. Dentro do processo de transição, os direitos de propriedade foram divididos entre diversos titulares remanescentes do sistema socialista, partindo-se da premissa de que, a partir desse ponto de distribuição inicial, as relações de mercado se desenvolveriam espontaneamente. Assim, o direito de arrendar era exercido em cotitularidade por três entidades, enquanto o direito de alienar era exercido em cotitularidade por estas e mais outras três, ou seja, por seis entidades, todas com igual direito de decisão, de modo que qualquer arrendamento ou alienação dependeria sempre do consenso.[4]

Este excesso de fragmentação de direitos e de titularidades sobre a propriedade conduziu a um quadro em que qualquer negociação envolvendo estes bens tornou-se praticamente impossível. Dentro da racionalidade econômica, em qualquer hipótese, seja para arrendamento, alienação ou mesmo ocupação, o cotitular tende, estrategicamente, a não concordar com a oferta antes que os demais o façam, com o intuito de ficar por último, para poder, assim, exigir um preço maior para a sua anuência. Ocorre que, como todos adotam a mesma estratégia, o acordo se torna inviável, de modo que os imóveis permanecem fechados e os lojistas continuam ocupando as calçadas com os seus quiosques.

Resta assim demonstrado que a fragmentação dos direitos de propriedade e de suas titularidades pode conduzir o regime de propriedade privada a um problema de subutilização dos recursos disponíveis, o que caracteriza uma outra tragédia, a dos *anticomuns*.

4.4 As comédias dos *comuns* e dos *anticomuns*

Fernando Araújo afirma que as metáforas das tragédias dos *comuns* e dos *anticomuns* são importantes

---

[4] A título de ilustração, as entidades com a titularidade do direito ao arrendamento eram o Comitê de Propriedade, o Instituto Público respectivo e a Organização de Manutenção, pessoas jurídicas criadas a partir da antiga estrutura social soviética (HELLER, 1988, p. 633-638).

para a compreensão de que a eficiência econômica de um regime de propriedade pode sofrer variações.[5] Não existiria, assim, o melhor regime de propriedade, mas sim, o mais apropriado em uma dada circunstância, devendo assim ser identificado o "ponto ótimo" do regime de propriedade consoante o valor econômico e social do bem em um determinado espaço físico e temporal. A partir dessas premissas, observam-se a seguir exemplos contemporâneos de *comuns* e de *anticomuns*, bem como as propostas existentes para buscar converter o que se direciona a uma tragédia em uma comédia.[6]

No âmbito dos *comuns*, Garret Hardin cita o exemplo negativo da extinção da fauna marinha, vítima da pesca desenfreada nos oceanos, verdadeiros *comuns* contemporâneos. Nesse caso em específico, Fernando Araújo observa que a atual concepção de propriedade privada desenvolvida pela Análise Econômica do Direito oferece nuances que podem permitir a reversão do quadro.

Observe-se, de início, que a solução tradicional empregada para evitar a extinção das espécies marinhas é o defeso, caracterizado pela fixação de um período em que a pesca é proibida, visando permitir assim a reprodução sustentável. Ocorre que, diante da racionalidade econômica predominante, a consequência desta limitação não é outra senão a busca da máxima exploração possível nas épocas em que a atividade é

---

[5] Fernando Araújo (2008) prefere traduzir as expressões por "tragédia dos baldios e dos anti-baldios".
[6] Nesse sentido, ver: ARAÚJO, 2008, p. 83-89.

permitida. Assim, fabricam-se barcos com capacidade de pesca e de armazenagem cada vez maiores. Ou seja, a restrição temporal, ao invés de permitir a preservação da espécie, induz a sua sobreutilização nos períodos em que o acesso ainda permanece livre, mantendo-se, assim, a trágica trajetória de tendência de extinção. Isso, sem considerar que os meios para a fiscalização exigidos neste sistema são extremamente custosos e de efetividade duvidosa.

Esta suposta inevitabilidade, no entanto, pode ser atenuada por meio do emprego de uma solução *coasena*, de grande complexidade, mas, ao mesmo tempo, bastante promissora. Trata-se da criação artificial de um mercado de quotas para a pesca, no qual são atribuídos aos seus titulares, dentro do acervo de direitos de propriedade, o direito limitado de fruição e o direito de alienação. Por esta proposta, deve ocorrer a fixação, por um lado, de um limite quantitativo considerado adequado para a pesca, para a preservação da espécie; e do outro, de um número máximo de pescadores com o direito a realizá-la, cabendo a cada um uma respectiva quota alienável. Forma-se, por fim, um mercado para a negociação dessas quotas, de modo que os pescadores mais eficientes podem adquiri-las daqueles que eventualmente não possuem meios para explorar ao máximo o seu direito, ou mesmo preferem não o fazer. Nesse panorama, sob as premissas da racionalidade econômica, os próprios membros desse mercado passam a fiscalizar a correção da conduta no respeito à sua preservação, de modo a afastar, ou ao menos amenizar, as possibilidades de sua extinção. Assim, demonstra-se que, por vezes, a privatização dos recursos disponíveis e a restrição ao acesso podem gerar benefícios coletivos, mesmo quando isto ocorre de forma artificial.

No polo oposto, Michel Heller e Rose Eisenberg demonstram que a tragédia dos *anticomuns* pode ocorrer em outros regimes de propriedade, talvez de forma não tão evidente como a observada no centro de Moscou, mas com prejuízos sociais muito mais vultosos, como é o exemplo do caminho trilhado pela propriedade intelectual.

De modo mais específico, os autores abordam a realidade voltada para projetos de novos medicamentos, os quais, devido à complexidade envolvida, dependem de inúmeros acordos com diversos titulares de patentes, os quais passam à condição de cotitulares nos possíveis resultados obtidos.[7] Na prática, observa-se que a implementação de uma pesquisa médica passa a ser extremamente inviável, eis que, para a obtenção dos recursos técnicos para o desenvolvimento do projeto, o pesquisador enfrenta os mesmos obstáculos que o comerciante russo ao negociar com os diversos cotitulares para a locação de um imóvel. Em verdade, sua situação é muito mais complicada, pois no caso da pesquisa médica ainda existe a incerteza quanto à obtenção de resultados positivos ao final do processo. Por tal razão, muitas pesquisas são abandonadas antes mesmo de serem iniciadas. O que se observa, desta forma, é a subutilização de recursos importantíssimos em virtude da fragmentação excessiva das titularidades dos direitos de propriedade privada, o que propicia, segundo

---

[7] Nesse sentido, ver: HELLER, 1998, p. 698-701).

Fernando Araújo (2008, p. 208) o "estrangulamento da investigação subsequente".

Enquanto o caminho apontado para a superação da "tragédia dos *comuns*" se dá pela adoção de direitos de propriedade privada, a "tragédia dos *anticomuns*" segue o caminho inverso, advogando a necessidade de restrição desses direitos. Observe-se que essa restrição tem ocorrido de forma voluntária por meio de instrumentos contratuais.

Dentre as estratégias que se destacam como alternativa de superação das barreiras geradas pelo excesso de apropriação privada no âmbito da propriedade intelectual cita-se a formação de "contratos associativos de patentes" (*patent pools*), bastante empregados, por exemplo, na pesquisa de tecnologia para o desenvolvimento de aviões e automóveis. Nesse caso, busca-se a repartição dos altos custos necessários para a pesquisa e o desenvolvimento e, ao mesmo tempo, o afastamento do risco de comportamentos estratégicos negativos futuros. Desse modo, são estabelecidos, por meio desses contratos associativos, os direitos de licenciamento cruzado entre as partes e a prefixação de um representante único e autônomo para realizar os licenciamentos das diversas patentes desenvolvidas e os termos para a remuneração dos respectivos cotitulares.[8]

Em suma, enquanto a "tragédia dos *comuns*" é a metáfora-argumento determinante para a defesa da propriedade privada como o regime jurídico eficiente de apropriação, ao afastar os riscos de sobreutilização

---

[8] Nesse sentido, ver: ARAÚJO, 2008, p. 219.

dos recursos disponíveis; a tragédia dos *anticomuns* é a metáfora-lembrança de que o excesso de fragmentação das titularidades e dos direitos de propriedade privada tende a se constituir um fator de refreamento do desenvolvimento, conduzindo a um quadro não menos trágico de subutilização dos bens.

Referências

ARAÚJO, Fernando. *A tragédia dos baldios e dos anti-baldios*: o problema econômico do nível óptimo de apropriação. Coimbra: Almedina, 2008.

DEMSETZ, Harold. Toward a theory of property rights. *American Economic Review*, v. 57, p. 347-359, may. 1967.

HARDIN, Garrett. The tragedy of the commons. *Science*, v. 162, p. 1243-1248, dec. 1968.

HELLER, Michael. The tragedy of the anti-commons: property in the transition from Marx to markets. *Harvard Law Review*, p. 621-688, jan. 1998.

HELLER, Michael; EISENBERG, Rose S. Can patents deter innovation?. The anticommons in biomedical research. *Science*, p. 698-701, may. 1998.

Informação bibliográfica deste texto, conforme a NBR 6023:2018 da Associação Brasileira de Normas Técnicas (ABNT):

AGUSTINHO, Eduardo Oliveira. As tragédias dos *comuns* e dos *anticomuns*. *In*: RIBEIRO, Marcia Carla Pereira; KLEIN, Vinicius (Coord.). *O que é Análise Econômica do Direito*: uma introdução. 3. ed. Belo Horizonte: Fórum, 2022. p. 59-70. ISBN 978-65-5518-359-7.

CAPÍTULO 5

RACIONALIDADE LIMITADA

Marcia Carla Pereira Ribeiro

A racionalidade limitada pode ser melhor visualizada na relação contratual. As teorias clássicas na economia admitem o contrato como instituição essencial e expressão maior da liberdade individual. Ao contratar, os agentes manifestam o seu interesse individual e, se forem deixados livres no exercício de suas racionalidades, realizarão o melhor negócio possível. A positividade do resultado da negociação, por sua vez, contribuirá para o nível de estabilidade social e para o desenvolvimento econômico.

Ao apreciar as condições de um negócio, o contratante, em princípio, escolherá de forma racional a relação que será pactuada, se será pactuada, com quem será realizado o negócio e em que condições.

Na visão clássica da economia, em que a unidade básica de análise da teoria econômica é o indivíduo, a eficiência é visualizada apenas em relação a um dos contratantes. Assim, adota-se a chamada lente da escolha (*lens of choice*) para analisar o contrato, que se preocupa em definir a contratação como uma escolha maximizadora de cada parte. Vale dizer, satisfazendo ao interesse de uma das partes, o negócio será considerado eficiente. Porém, como afirma Williamson, baseando-se na terminologia cunhada por James M. Buchanan, a adoção da chamada lente do contrato (*lens of contract*), focada na busca de estruturas de governança capazes de produzir o maior ganho mútuo possível, permite uma evolução do pensamento econômico, conduzindo a reflexões sobre eficiência em relação aos contratos em sua acepção mais ampla, ou seja, em seus melhores resultados em relação a todas as partes do contrato.[1] Ainda, o tratamento dado por Ronald H. Coase[2] à divergência entre os produtos privado e social de uma determinada transação, ou seja, as externalidades, permitiu que até mesmo, com relação a terceiros que estejam sujeitos aos efeitos do negócio, fosse possível a discussão sobre os arranjos sociais mais eficientes, ao invés da escolha maximizadora de cada parte ou da imposição governamental de determinada solução, sem se avaliar os custos e benefícios de cada uma das possibilidades.

Aliada a essa concepção mais abrangente de eficiência, a própria noção de racionalidade do agente econômico já foi posta à prova. Ao exercer o seu poder de escolha, é certo que o agente procura analisar as características do negócio, do bem da vida ou do serviço pretendido. Para isso, observa as informações que lhe são disponibilizadas e, em maior ou menor grau, considera os custos da operação, cotejando-os com os benefícios pretendidos.

---

[1] Nesse sentido, ver: WILLIAMSON, 2002, p. 438-443.
[2] Nesse sentido, ver: COASE, 1960, p. 1-44; SALAMA, 2010.

Ora, se aquele que vende o bem "A" orça-o em 100, muito embora tenha por ele despendido 80, e se "B" pensa que o mesmo bem vale 110, racionalmente considerará que adquiri-lo por 100 satisfará plenamente ao seu interesse individual e o negócio será firmado. Porém, estivesse o bem sendo oferecido a 150, "B" não estaria disposto a gastar este valor, pois, segundo o seu conhecimento e se valendo de considerações racionais, consideraria um mau negócio adquirir por 150 um bem que vale 110. Nesta segunda hipótese, o negócio não seria concluído.

Portanto, a partir da racionalidade, os próprios agentes do negócio concluirão ou não a negociação, operando-se ou não, no exemplo dado, a transferência de titularidade. A racionalidade do vendedor pode ser localizada no estabelecimento de um preço pelo bem que corresponda ao valor máximo que o comprador se disponha a pagar por ele, já o comprador, aquiescerá com a operação se o valor oferecido corresponder à sua disposição em gastar para receber o bem, especialmente considerando o seu conhecimento quanto à qualidade do bem pretendido e o seu real valor.

Ao se compatibilizarem os interesses, o exercício das racionalidades tornará o negócio viável e haverá a circulação de riqueza com benefício para as duas partes. O que vendeu lucrou 20, o que adquiriu se considera beneficiado em 10, os benefícios advindos a cada uma das partes representam adições de valor que poderão circular no mercado, participando da geração de novas riquezas.

A perfeição do sistema teórico, no entanto, pode ser rompida por uma série de fatores. No que se refere à extensão da racionalidade, quando decide realizar um negócio, firmar um contrato, o agente muito frequentemente sofre a interferência de outros fatores que podem até mesmo sobrepujar aspectos relacionados à pura racionalidade. Prazer, ideais, objetivos indiretos podem influenciar o poder de escolha do contratante. Nesta circunstância, apontam as falhas de racionalidade que podem comprometer a eficiência que o modelo clássico associa às escolhas das partes do negócio.

Também as assimetrias informacionais dos agentes impactam na formação da vontade negocial. A quantidade de dados disponíveis em relação ao objeto negociado, assim como o custo para a obtenção de informações adicionais formam o contexto psicológico dos contratantes.

Quando a ciência econômica passa a considerar as falhas de racionalidade, o pressuposto da eficiência absoluta, a partir da liberdade contratual, aponta para desvios como aqueles decorrentes de comportamentos oportunistas por parte dos contratantes. Aquele que titula uma informação que não chega a ser acessível à outra parte pode se aproveitar dessa informação para lucrar de forma injustificada. O outro, lesado pela carência de informação, é exemplo da limitação de racionalidade que pode atingir os agentes econômicos.

A análise original da racionalidade limitada é atribuída a Herbert A. Simon, na 2ª edição de sua obra *Administrative Behavior*, publicada em 1957, sendo definida como um comportamento intencionalmente racional, mas limitado nesse intento. Deve-se observar que não se trata apenas de limitação de informação, mas igualmente da incapacidade de processamento pelo ser humano de toda a informação disponível sobre determinado assunto. A mente humana é vista como um recurso escasso, já que o indivíduo não tem condições de buscar todas as informações possíveis sobre as decisões tomadas em seu dia a dia.

Assim, as falhas de racionalidade, se não são causadas pela assimetria informacional, podem ser provocadas pelas características inatas aos seres humanos e que não se relacionam à razão. Trata-se de aspectos relacionados a sentimentos que afetam o pensamento racional, afastando-o ocasionalmente. Nesta circunstância, a ação econômica não se opera pela consciência da adequação do negócio, mas para a satisfação de um querer. Para utilizar a terminologia de Simon, na impossibilidade da maximização exigida pela racionalidade plena ou substantiva, o indivíduo acaba por buscar uma solução suficientemente satisfatória, substituindo-se o objetivo da maximização pelo da satisfação (*satisficing*). Nestas circunstâncias, a própria fixação de preços se descola dos custos envolvidos na transação e a negociação daí derivada será considerada positiva pelo agente não pelo resultado econômico, mas pelo ganho de bem-estar.

Em tais circunstâncias, mesmo se o preço do bem for 80, o vendedor pode por ele requisitar 150, sem que o comprador apresente uma objeção. O comprador, tenha ele ciência ou não do preço real do bem, pode optar por sua aquisição pelo que o bem repercute em termos de aspirações sociais ou bem-estar particular. Ao pagar 150, seu juízo de convencimento terá sido formado a partir das limitações de sua própria racionalidade.

Reconhecer a limitação da racionalidade humana possibilitou o aditamento de fatores que influenciam na escolha e nos negócios, assim como permite levar em consideração até mesmo o conhecimento ou o desconhecimento dos agentes em relação às externalidades provocadas pela operação econômica.

Tais efeitos, não integrados aos custos de transação, podem gerar consequências positivas ou negativas aos terceiros e à sociedade. Essas externalidades, como dito, podem ou não ser conhecidas de antemão pelos negociadores. Há, porém, uma compreensão de que seria utópico considerar que a racionalidade humana estaria habilitada a contemplar todo tipo de externalidade provocada pelo negócio, a ponto de considerar esse tipo de informação, de forma completa, no processo de formação de seu agir.

Logo, o mito da racionalidade absoluta, ao ser sobrepujado por considerações que contemplam fatores irracionais, compromete a própria premissa das teorias clássicas, afetando a conclusão que via na afirmação das racionalidades absolutas o motor para a realização de negócios maximizadores da eficiência geral.

Referências

COASE, Ronald H. The problem of social cost. *The Journal of Law and Economics*, n. 3, p. 1-44, 1960. Traduzido para o português em: SALAMA, Bruno Meyerhof (Org.). *Direito e Economia*: textos escolhidos. São Paulo: Saraiva, 2010.

RIBEIRO, Marcia Carla Pereira; GALESKI JUNIOR, Irineu. *Teoria geral dos contratos*: contratos empresariais e análise econômica. Rio de Janeiro: Elsevier, 2009.

SIMON, Herbert A. *Administrative Behavior*. 2. ed. New York: Macmillan, 1957.

WILLIAMSON, Oliver E. The lens of contract: private ordering. *American Economic Review*, v. 92, n. 2, p. 438-443, 2002.

WILLIAMSON, Oliver E. *The mechanisms of governance*. Oxford: Oxford University Press, 1996.

WILLIAMSON, Oliver E. The lens of contract: private ordering. *American Economic Review*, v. 92, n. 2, p. 438-443, 2002.

Sites de interesse

ENCYCLOPEDIA OF LAW AND ECONOMICS. Disponível em: http://encyclo.findlaw.com/. Acesso em 10 fev. 2022.

Informação bibliográfica deste texto, conforme a NBR 6023:2018 da Associação Brasileira de Normas Técnicas (ABNT):

RIBEIRO, Marcia Carla Pereira. Racionalidade limitada. *In*: RIBEIRO, Marcia Carla Pereira; KLEIN, Vinicius (Coord.). *O que é Análise Econômica do Direito*: uma introdução. 3. ed. Belo Horizonte: Fórum, 2022. p. 71-77. ISBN 978-65-5518-359-7.

CAPÍTULO 6

TEOREMA DE COASE

Vinicius Klein

O Teorema de Coase não foi enunciado pelo próprio Ronald H. Coase, mas, na sua versão original, por George Stigler, inspirado pelo artigo *The problem of the social cost*, de Coase. O Teorema levou o artigo de Coase a ser um dos mais citados de todos os tempos, tanto no Direito quanto na Economia. O Teorema foi expresso por Stigler da seguinte forma: "Sob concorrência perfeita, os custos sociais e privados serão iguais". A formulação mais conhecida, entretanto, pode ser assim enunciada: "Numa situação de custos de transação zero, a alocação final de um bem, obtida por meio da barganha entre as partes, será sempre eficiente, não importa a configuração legal acerca da propriedade desse bem". O teorema de Coase, portanto, depende de uma suposição inicial: de que os custos de transação sejam iguais a zero. Mas o que seriam custos de transação? Os custos de transação podem ser definidos[1] como os custos para estabelecer, manter e utilizar os direitos de propriedades, ou seja,

---

[1] Nesse sentido, ver: ALLEN, 1991, p. 1-18.

para transacionar; por exemplo, custos de redação de contratos, de monitoramento e imposição de contratos, de acesso à informação etc. Portanto, a noção de custos de transação zero pressupõe uma situação de informação perfeita e acessível sem custos para as partes; um direito de propriedade completo e bem definido, que não permita apropriações por terceiros e corresponda a toda a extensão do bem; racionalidade perfeita ou substantiva; concorrência perfeita. Assim, percebe-se que o mundo dos custos de transação zero é basicamente o mundo retratado pela teoria econômica nos seus modelos abstratos.

O funcionamento do Teorema pode ser visto em um exemplo retirado do próprio Coase. Imagine uma fazenda utilizada para a pecuária, em que o rebanho invade a fazenda vizinha e destrói a plantação existente. Não importa qual a solução dada pelo Direito, se as partes puderem negociar sem custos de transação a solução mais eficiente para definir a responsabilidade pelos custos causados pelo gado invasor, este será o resultado dessa negociação. Se a solução mais adequada for diminuir o rebanho, construir uma cerca, pagar uma indenização, essa solução será o resultado da negociação das partes. Outro exemplo retirado do próprio Coase é o de uma fábrica, que por meio de uma chaminé emite determinada quantidade de poluição, afetando os moradores vizinhos.

A motivação de Coase no seu artigo foi criticar a concepção econômica dominante na época, que era exposta por um economista chamado Pigou. Esse autor afirmava que, sob as mesmas hipóteses, seria necessário que o Estado agisse impondo uma responsabilidade legal ou uma taxa sobre a fábrica no exemplo anteriormente mencionado, já que os custos da poluição para a sociedade seriam diversos dos custos privados da fábrica. Para Coase, se o dono da fábrica e os moradores afetados pudessem negociar com custos de transação zero, o sistema de preços funcionaria e seria obtido um acordo correspondente à solução Pareto Eficiente.

Para melhor ilustrar o Teorema de Coase, vamos supor que no exemplo do gado desgarrado o custo para cercar a propriedade do agricultor seja de $9, e que o preço do produto cultivado seja de $1 por tonelada. Vamos supor que um rebanho composto de 1 único boi geraria uma perda anual de 1 tonelada ao agricultor, 2 bois gerariam uma perda anual ao agricultor de 3 toneladas, 3 bois causariam uma perda de 6 toneladas, e 4 bois provocariam uma perda de 10 toneladas. Assim, supondo que exista uma norma legal que obrigue o pecuarista a pagar o prejuízo causado ao agricultor, tem-se que o pecuarista apenas aumentará o seu rebanho quando os ganhos da carne adicional produzida forem superiores aos custos adicionais gerados, incluindo a indenização paga ao agricultor. Se uma solução para o problema for a instalação de uma cerca, esta será posta pelo pecuarista que tiver um rebanho de 4 ou mais bois, já que o custo de $9 é inferior ao prejuízo evitado de $10. A partir desse ponto, se não houvesse um número máximo de bois suportados pela cerca, a solução adotada seria sempre construir a cerca. Com 3 ou menos bois, a solução adotada seria sempre o pagamento da indenização ao agricultor. Agora suponha que não exista nenhuma norma legal responsabilizando o pecuarista pelos danos causados. Se o pecuarista tivesse 3 bois, o ganho obtido pelo agricultor com a redução do rebanho para 2 bois seria de 3 (6-3), o que faria com que ele pagasse até $3 em uma negociação para que o pecuarista fizesse essa redução. No caso de o pecuarista cessar a sua atividade, o agricultor pagaria até $6 (6-0). Os $3 ganhos pelo pecuarista no caso da redução de 3 para 2 bois no rebanho corresponderiam ao custo para a manutenção do 3º boi. Como o gasto com a cerca é de $9, ela não seria construída da mesma forma. Apenas no caso de se adicionar um 4º boi teríamos um custo de manter 4 bois no rebanho equivalente a $10 (10-0), o que levaria à construção da cerca. Desse modo, não importaria qual o comando legal, sempre as partes negociariam e chegariam a uma solução mais eficiente.

O Teorema de Coase pode ser dividido em duas hipóteses:[2] a hipótese da eficiência e a hipótese da invariância. A hipótese da eficiência afirma que as partes sempre são capazes de chegar a um acordo que corresponde a uma solução eficiente para a situação. A hipótese da invariância afirma que essa solução será sempre alcançada, não importando como a responsabilidade legal esteja disposta.

Ambas as hipóteses que compõem o Teorema de Coase foram objeto de diversas críticas, sendo que as mais eficazes são direcionadas à hipótese da invariância. As críticas, todavia, não são, em geral, aptas a desacreditar o Teorema, já que partem de situações em que os custos de transação são positivos.

---

[2] Nesse sentido, ver: MEDEMA; ZERBE, 2000.

Por exemplo, a crítica que afirma que o pecuarista e o agricultor não conhecem os custos e lucros um do outro descreve uma situação de informação imperfeita. Mas se a informação é adquirida sem custos, em virtude dos custos de transação zero, somente faz sentido pressupor informação perfeita, já que na falta de uma informação ela seria imediatamente adquirida pelas partes. A situação de informação privada (informação de conhecimento de apenas uma das partes) levou à formulação, por Robert D. Cooter, do chamado Teorema de Hobbes, que afirma ser impossível a concordância livre das partes sobre a divisão dos ganhos de uma transação. Mas não há informação privada em uma situação de ganhos de transação iguais a zero. Por isso, alguns autores acusam o Teorema de Coase de ser uma tautologia, já que sempre que se aponta uma falha no Teorema não se está atingindo a sua validade, mas comprovando a presença de um custo de transação.

O impacto do Teorema de Coase no Direito é claro. Afinal, o Teorema afirma que existindo direitos de propriedade bem definidos e podendo as partes negociar, a solução eficiente será alcançada, a despeito dos comandos legais. Alguns autores exploram a ideia de um Direito com a função de criação de um ambiente sem custos de transação. Para outros, o Teorema traz uma refundação do direito de propriedade. Outros, ainda, procuram aplicar o Teorema para os mais diversos ramos do Direito, como o Direito de Família e o Direito Penal.

Algumas construções ditas derivadas do Teorema de Coase trazem afirmações que não podem ser obtidas diretamente do Teorema e tampouco da obra de Coase.

Por exemplo, tem-se o Teorema de Coase revisado: "Se existem custos de transação, a definição legal de propriedade poderá não alcançar a solução eficiente em qualquer conformação possível. Portanto, a norma legal preferível é aquela que minimiza os efeitos dos custos de transação, incluindo tanto os custos em si quanto os seus efeitos". A construção do argumento envolve a hipótese de que a solução eficiente é preferível e a hipótese de que seria possível e vantajoso criar um ambiente sem custos de transação. A validade dessas hipóteses não é objeto deste capítulo, mas percebe-se que elas não estão no Teorema.

Ronald H. Coase, no discurso que proferiu ao receber o Prêmio Nobel de Economia, em 1991, definiu o Teorema como um trampolim no caminho da análise de uma economia com custos de transação positivos. Assim, para Coase, o Teorema tem um efeito pernicioso: afastar as discussões do mundo real, em que os custos de transação são positivos, sendo que o objetivo último da sua obra era a inclusão desses custos na teoria econômica. Esse objetivo foi alcançado através de um dos seus alunos, Oliver Williamson, como será visto em capítulo específico.

Referências

ALLEN, Douglas W. What are transaction costs?. *Research in Law and Economics*, n. 14, p. 1-18, 1991.

COASE, Ronald H. O custo social. *In*: SALAMA, Bruno Meyerhof (Org.). *Direito e Economia*: textos escolhidos. São Paulo: Saraiva, 2010.

COASE, Ronald H. *The firm, the market and the law*. Chicago: University of Chicago Press, 1988.

COOTER, Robert D. The cost of Coase. *Journal of Legal Studies*, n. 11, p. 1-33, 1982.

MEDEMA, Steven G.; ZERBE JR., Richard O. The Coase theorem. *In*: *The Encyclopedia of Law and Economics*. Aldershot: Edward Elgar publishing, 2000.

STIGLER, George J. *The theory of price*. 3. ed. New York: Macmillan, 1966.

Sites de interesse

ENCYCLOPEDIA OF LAW AND ECONOMICS. Disponível em: http://encyclo.findlaw.com/. Acesso em 10 fev. 2022.

NOBEL Prize. Disponível em: http://nobelprize.org/. Acesso em 10 fev. 2022.

Informação bibliográfica deste texto, conforme a NBR 6023:2018 da Associação Brasileira de Normas Técnicas (ABNT):

KLEIN, Vinicius. Teorema de Coase. *In*: RIBEIRO, Marcia Carla Pereira; KLEIN, Vinicius (Coord.). *O que é Análise Econômica do Direito*: uma introdução. 3. ed. Belo Horizonte: Fórum, 2022. p. 79-85. ISBN 978-65-5518-359-7.

CAPÍTULO 7

ECONOMIA COMPORTAMENTAL

Giovani Ribeiro Rodrigues Alves

As teorias econômicas clássicas presumem que o comportamento humano é previsivelmente racional nas respostas às situações que se apresentam. A racionalidade das escolhas do sujeito é o alicerce das teorias, das previsões e das recomendações econômicas clássicas,[1] até mesmo porque difícil se apresenta a tarefa de prever condutas se elas não são tomadas por meio da razão.

Na concepção econômica tradicional, o sujeito racional busca sempre a melhor alternativa dentre as opções que se apresentam. Isto é, os agentes ponderam os custos e benefícios das alternativas disponíveis e optam pela que lhes oferecerá o maior bem-estar, sempre guiado sob uma ótica racional coerente.[2]

Nas palavras de Richard Posner (2009, p. 466): "Se me pedirem para escolher entre 2 e 3, eu preferirei 3.

---

[1] Nesse sentido, ver: ARIELY, 2008.
[2] Nesse sentido, ver: NICOLAÏ, 1973, p. 185.

Mas e se eu tiver outra oportunidade que valha 4? Então preferirei esta, pois prefiro mais a menos".

O ser humano é capaz de ponderar as alternativas, avaliar os custos e benefícios de cada uma e optar pela que melhor satisfaz os seus anseios. Ninguém (nem mesmo o Estado) poderia fazer uma escolha mais apropriada do que o próprio sujeito racional que tem o interesse particular de maximizar a sua satisfação e minimizar as suas despesas.

Este modelo tradicional de análise econômica está ancorado ao pensamento tipicamente moderno, sob os pressupostos de infalibilidade do sujeito e da consequente racionalidade absoluta do ser humano.[3]

Ariely (2008) sintetiza que,

> [n]a economia convencional, a hipótese de que somos todos racionais implica que, na vida cotidiana, calculamos o valor de todas as opções que encaramos e, então, seguimos o melhor curso de ação possível.

O modelo econômico tradicional presume que há todo um ambiente favorável para as decisões dos sujeitos, seja com a paridade de barganha entre as partes, seja com o conjunto completo de opções e a perfeita avaliação destas para a tomada de decisão.

Assim, sob a perspectiva econômica tradicional, o comportamento do agente é absolutamente previsível, em virtude da racionalidade das escolhas do sujeito, vez que sempre fará a melhor opção possível, guiado por seu senso coerente indefectível.

---

[3] Nesse sentido, ver: LUDWIG, 2006, p. 51-52.

Ocorre que o dia a dia demonstra que as abstrações teóricas, não raramente, estão distantes da realidade fática. Isso ocorre no Direito (com leis que "não pegam") e em todas as ciências sociais (inclusive as aplicadas). Com a Economia não é diferente.

A racionalidade ilimitada do sujeito ou a própria maximização das escolhas, por vezes, não são verificadas na realidade fática, vez que há custos para identificação das oportunidades, o que faz com que as pessoas façam escolhas diferentes das que fariam se os custos com as informações fossem nulo e não houvesse fatores externos (como ambiente cultural, econômico e social) que influenciassem a capacidade cognitiva.

Na celebração de um contato empresarial de longo prazo, por exemplo, as partes não conseguem prever todo o conjunto fático, político e econômico que permeará o contexto dos contratantes e que pode afetar, em maior ou menor grau, os interesses expressos no contrato. Isto demonstra a limitação da racionalidade do sujeito. Quanto maior e mais complexa a relação contratual firmada, mais caro e difícil a formação do pacto, bem como mais difícil é a especificação dos comportamentos (prestações e contraprestações) que devem ser seguidos pelas partes.[4]

Ciente das limitações do sujeito, algumas vertentes da Economia que podem ser adotadas pela Análise Econômica do Direito reconhecem a impossibilidade de

---

[4] Sobre essa mudança de perspectiva da economia tradicional, do reconhecimento da limitação da racionalidade e dos impactos nas relações contratuais, ver: SIMON, 1956, p. 198; POSNER, 2009, p. 467; e COASE, 1937, p. 391.

previsão de todos os comportamentos e a possibilidade de se esperar que previsivelmente o sujeito atuará irracionalmente em determinadas situações. Mais do que isso: em determinadas situações, a irracionalidade do comportamento pode ser até positiva.

Conforme exposto por Becue, na primeira edição desta obra, mesmo as formulações mais recentes da Teoria dos Jogos e, em especial, as variações do Dilema dos Prisioneiros, abandonam, gradativamente, a presunção de racionalidade absoluta do sujeito, ao estabelecerem que o comportamento racional estará presente somente quando os agentes estiverem diante de um conjunto de circunstâncias como: (i) não forem motivados apenas por condutas emocionais; (ii) tiverem a oportunidade de aprender a jogar por intermédio de tentativas e erros; e (iii) estiverem diante de jogos simples, com a presença de poucos agentes. Parece despiciendo mencionar que o referido conjunto de fatores não está presente na grande maior parte das decisões que tomamos na vida real.

Em relação à racionalidade do sujeito e à consequente previsibilidade do comportamento humano, Levitt e Dubner (2007, p. 18) afirmam – não sem um acentuado tom irônico – que:

> O economista-padrão acredita que o mundo ainda não inventou um problema cuja solução ele não possa inventar, desde que lhe seja dada uma carta branca para elaborar o esquema de incentivo apropriado.

Nesta crítica à estaticidade e à mecanicística da Economia tradicional é que se desenvolve a chamada Economia Comportamental, cujos expoentes tradicionalmente citados são Herbert Simon, Richard Cyert e James March.

Simon, apontado como o principal marco teórico da Economia Comportamental, pauta sua obra na incapacidade do sujeito de lidar com os problemas do mundo real, longe da abstração teórica. Para ele, as teorias econômicas clássicas falham ao deixar de analisar os aspectos psicológicos que são peculiares a cada sujeito. O sujeito não é neutro nem suficientemente racional para conseguir se isolar de todo o contexto que o envolve ao tomar todas as decisões.

Com base na racionalidade limitada do sujeito e na distância entre a teoria econômica e a prática do dia a dia, duas recentes obras tornaram-se best-sellers nos Estados Unidos, difundindo as ideias da Economia Comportamental e colocando em xeque os fundamentos da vertente econômica tradicional: *Freakonomics* e *Previsivelmente Irracional*.

Ambas, por meio de experiências práticas e próximas das realidades do homem comum (e não tanto dos acadêmicos), demonstram a relatividade e a incompletude das teorias econômicas e as lacunas observáveis quando confrontadas com a prática.

As obras citadas abordam, dentre vários exemplos de situações em que a irracionalidade do sujeito acaba sendo a marca, o paradigmático caso de escolas israelenses que sofriam com os atrasos dos pais para buscarem os seus filhos no término das aulas.

Uma dupla de economistas tradicionais, buscando sanar tal problema, apresentou a seguinte solução à escola: multar os pais atrasados, para que os mesmos se tornassem mais pontuais. Tratava-se do clássico mecanismo da Economia de, por meio de um (des)incentivo econômico, estimular que uma conduta fosse praticada.

A ideia era clara: como a escola desejava diminuir o número de atrasos dos pais ao buscarem os filhos, resolveu impor uma sanção monetária para que os pais, ao ponderarem entre o pagamento de multa e saírem com antecedência para buscar os filhos, optassem por não mais se atrasarem.

Ocorre que, a despeito do que esperava a direção da escola e do que as teorizações acerca da maximização da racionalidade ilimitada do sujeito apontariam, o efeito resultante da instituição da multa foi um expressivo acréscimo no número de atrasos.

No caso, a explicação fornecida pela Economia Comportamental foi a de que, por intermédio da instituição de uma cobrança de multa por atraso, a escola, ao invés de incentivar a pontual busca dos filhos, institucionalizou o pensamento de que a impontualidade estava sendo devidamente punida e, assim, compensada pela multa a ser paga.

Em termos econômicos, a criação da multa trocou as normas sociais pelas normas de mercado, o que, a despeito da interpretação tradicional, não será sempre o mais eficiente.

A Economia Comportamental aponta que não são simplesmente os aspectos econômicos que devem ser analisados nas decisões dos sujeitos. Há todo um conjunto de normas sociais, contextuais e de processos psicológicos que também deve ser analisado nas teorizações.

A partir de situações como a da escola israelense, que fogem aos padrões das indagações e teorizações acadêmicas tradicionais, é que a Economia Comportamental foca seus esforços e busca abranger um número maior de variáveis, pautados precipuamente na prática cotidiana e na impossibilidade de se optar invariavelmente pelas melhores opções para analisar o comportamento dos sujeitos.

Referências

ARIELY, Dan. *Positivamente irracional*: os benefícios inesperados de desafiar a lógica em todos os aspectos de nossas vidas. (Trad. Afonso Celso da Cunha Serra). Rio de Janeiro: Elsevier, 2010.

ARIELY, Dan. *Previsivelmente irracional*. (Trad. Jussara Simões). Rio de Janeiro: Elsevier, 2008.

COASE, Ronald. The nature of the firm. *In: Economica, New Series*, v. 04, n. 16, 1937.

COOTER, Robert; Ulen, Thomas. *Direito e Economia*. (Trad. Luís Marcos Sander e Francisco Araújo da Costa). 5. ed. Porto Alegre: Bookman, 2010.

LEVITT, Steven D.; DUBNER, Stephen J. *Freakonomics*: o lado oculto e inesperado de tudo que nos afeta. (Trad. Regina Lyra). 4. ed. Rio de Janeiro: Elsevier, 2007.

LUDWIG, Celso. *Para uma filosofia jurídica da libertação*: paradigmas da Filosofia, Filosofia da libertação e Direito alternativo. Florianópolis: Conceito Editorial, 2006.

NICOLAÏ, André. *Comportamento econômico e estruturas sociais*. (Trad. Oracy Nogueira). São Paulo: Editora Nacional, Editora da Universidade de São Paulo, 1973.

POSNER, Richard A. *Para além do Direito*. (Trad. Evandro Ferreira e Silva). São Paulo: WMF Martins Fontes, 2009.

SIMON, Herbert A. *Models of Man*: social and rational. Nova Iorque: John Wiley & Sons, Inc., 1956.

STEINER, Philippe. *A Sociologia Econômica*. (Trad. Maria Helena C. V. Trylinski). São Paulo: Atlas, 2006.

Informação bibliográfica deste texto, conforme a NBR 6023:2018 da Associação Brasileira de Normas Técnicas (ABNT):

ALVES, Giovani Ribeiro Rodrigues. Economia Comportamental. *In*: RIBEIRO, Marcia Carla Pereira; KLEIN, Vinicius (Coord.). *O que é Análise Econômica do Direito*: uma introdução. 3. ed. Belo Horizonte: Fórum, 2022. p. 87-94. ISBN 978-65-5518-359-7.

CAPÍTULO 8

CUSTOS DE TRANSAÇÃO

Huáscar Fialho Pessali

Ao escrever sobre a origem do dinheiro, Aristóteles observou que o crescimento das aldeias e a sua eventual reunião em cidades-Estado demandava delas o uso de um meio comum para concretizar transações comerciais que fosse portável e fácil de manusear. Com isso, o comércio entre as aldeias poderia ser feito sem que precisasse haver a dupla coincidência de desejos e necessidades entre os que comercializassem. Usar o dinheiro como meio comum para dar efeito às transações comerciais tinha tais vantagens. Além disso, o uso do dinheiro evitaria que procedimentos de comparação entre os padrões e práticas de cada aldeia precisassem ser estabelecidos, conferidos e garantidos. Aristóteles ainda comentou sobre as vantagens de uma autoridade reconhecida cunhar um pedaço de metal com inscrições sobre o seu peso ou outros atributos, evitando assim que se precisasse verificá-lo cada vez que trocasse de mãos. Adam Smith, tido como o pai da economia moderna, também fez referência a esses casos.

Nos dias de hoje, diríamos que Aristóteles e Smith estavam preocupados com os custos de transação presentes no comércio.

Ao longo do século XX, as preocupações de Aristóteles e Smith – e provavelmente de muitos outros ao longo da história a quem não conseguimos dar o devido crédito – foram retomadas no campo científico. Na década de 1930, o economista britânico Ronald H. Coase (ganhador do Prêmio do Banco da Suécia para as Ciências Econômicas em Memória de Alfred Nobel, em 1991) nos relembrou que usar os mercados tem custos. E esses custos influenciam nas decisões sobre como organizar as diversas etapas da produção de bens e serviços, se dentro de uma única firma ou através de transações entre firmas ou com produtores individuais no mercado.

Os custos de produção das firmas ou dos produtores independentes já são velhos conhecidos das nossas contabilidades. Mas os custos de se usar os mercados para transacionar bens, serviços e também direitos sobre bens e serviços talvez ainda não se encaixem bem nas categorias de custos já difundidas. Sem ainda entrar em pormenores, são estes os custos que Coase nos disse para também ter em mente. Com eles é possível ter um conjunto mais abrangente de elementos para se comparar pelo menos duas opções de organização da produção: um único produtor que integra as etapas de produção em questão, ou pelo menos dois produtores especializados que transacionarão bens, serviços ou direitos entre si. O produtor integrado apresentará seus custos totais tradicionais (de produção e de organização interna de duas etapas produtivas). Os produtores não integrados apresentarão a soma de seus custos totais tradicionais (de produção e de organização interna de uma etapa produtiva cada) com os de realizar a transação entre si. O menor dos dois custos indicará a melhor forma de organizar as duas etapas de produção consideradas.

Um pouco antes de Coase, ainda na década de 1920, o economista estadunidense John R. Commons nos relembrou algo igualmente importante sobre a organização da atividade econômica. À época, a economia dos princípios marginalistas que tanto serviu à ótica das escolhas (ver o verbete Racionalidade Limitada) ganhava espaço, dando pura ênfase à instância das trocas. Commons nos alertou, porém, que as trocas são um momento relacional de um processo mais amplo, que ele identificou como transação. A transação é uma relação social que envolve potenciais conflitos, dependência e ordem, em que pelo menos duas pessoas buscam uma forma pacífica de interagir para proveito mútuo. A lei, os costumes e outros hábitos informais compartilhados num grupo ou numa sociedade moldam as trocas antes, durante e depois de sua realização. Para ilustrar, antes de uma troca ocorrer é preciso ter um entendimento compartilhado sobre o que pode ou não ser trocado. Durante a troca é preciso ter um entendimento compartilhado sobre como ocorre o pagamento e em que condições os bens e serviços devem ir ou vir. E depois da troca é preciso haver mecanismos socialmente legitimados de garantias contra desvios às promessas pactuadas ou de repactuação diante de imprevistos. Em resumo, as transações podem envolver trocas de bens, serviços e direitos, mas não se resumem a isso. Elas podem envolver todo o aparato que ajuda a controlar conflitos, que dá parâmetros à dependência entre as partes, e que garante alguma ordem para que a produção ocorra e as trocas possam sucedê-la.

A partir do início da década de 1970, Oliver E. Williamson (ganhador do Prêmio do Banco da Suécia para as Ciências Econômicas em Memória de Alfred Nobel, em 2009) retomou o trabalho de Coase e de Commons. Williamson buscou detalhar a natureza daqueles custos de se conduzir a bom termo as diferentes etapas de produção dos bens e serviços. Ele usou para isso conhecimentos de fontes adicionais à Economia. Além da inspiração buscada no trabalho de Commons, que já entrelaçava Economia e Direito, Williamson também se orientou pelo trabalho do jurista estadunidense Ian McNeil, principalmente sobre conflitos e contratos. Da área de organizações, recorreu a autores como Herbert Simon e Chester Barnard, principalmente no que tinham a falar sobre o comportamento humano e a dinâmica das firmas. Com esse aparato multidisciplinar, Williamson montou sua explicação sobre o que são os custos de transação e como eles afetam as decisões de organização da produção entre firmas, mercados e outros arranjos institucionais – como contratos de longo prazo, *joint ventures*, representações, redes de empresas e outros.

Williamson ilustra o problema da organização da produção com o caso clássico da fábrica de alfinetes. Adam Smith a fez famosa para explicar os benefícios da divisão do trabalho sobre a produção de riquezas. Ele notou que a divisão do trabalho em etapas tecnologicamente distintas naquela firma (*e.g.*, desenrolar do fio de aço, cortá-lo, apontá-lo e fixar a cabeça) permitia a especialização do trabalho e o consequente aumento da produtividade. Williamson, porém, apresentou uma nova situação: aquela mesma divisão do trabalho poderia ser feita *fora* daquela firma. Poderíamos ter firmas ou produtores individuais especializados em cada etapa da produção de alfinetes que iriam ao mercado para vender a sua produção e comprar os seus insumos. Cada uma das etapas tecnologicamente distintas de produção ou prestação de serviços pode também dar margem a uma etapa distinta de organização da produção e da prestação de serviços. Como essas etapas se conectarão dependerá das fricções existentes entre elas. Tais fricções têm origem no comportamento humano e nos atributos intrínsecos ou materiais da transação. Williamson e os economistas que o seguiram as identificam como custos – os custos de transação.

Com relação ao comportamento humano, Williamson destaca a racionalidade limitada e o potencial oportunismo das pessoas como fontes dos custos de transação. A racionalidade limitada caracteriza tanto nosso intuito de calcular custos e benefícios de cada ação ou decisão, quanto nossa incapacidade de contemplar todas as conjecturas e possibilidades, ainda mais sob a exiguidade do tempo que caracteriza a maioria dos processos decisórios. Já o oportunismo, lido como autointeresse mal-intencionado, pode não ser marca permanente de todos nós, mas sua existência em alguns de nós em alguma ocasião imprevista o faz muito relevante. Algumas pessoas podem ser oportunistas em algum momento, aproveitando em benefício próprio as brechas inevitáveis das conjecturas e dos imprevistos em um acordo entre transacionantes. E por não ser fácil detectar *a priori* quem será ou não oportunista numa transação, todos ficamos sujeitos a incorrer em custos para tentar evitar que o oportunismo emerja.

Com relação aos atributos intrínsecos de uma transação, Williamson ressalta três variáveis a afetar os custos de transação: a frequência das transações, a incerteza e a especificidade dos ativos. Quanto menor a frequência das transações, menor a necessidade de interação entre as partes. Por isso é maior a propensão a que se forme um arranjo institucional desintegrado, recorrendo-se aos mercados quando necessário.

Já a incerteza numa transação – por exemplo, com relação à qualidade de um insumo ou à sua disponibilização no prazo necessário – faz com que se pense em internalizar a atividade em questão numa firma. A integração das etapas forneceria um mecanismo mais barato de governança dos imprevistos.

Por fim, e mais importante, segundo Williamson, a especificidade dos ativos é o vetor de maior peso nessa tripla combinação. Um ativo pode ser tangível ou intangível, como uma máquina ou um conjunto de conhecimentos. Sua especificidade é medida por seu custo de oportunidade, ou seja, pela possibilidade de ser usado em outra transação sem perder valor produtivo. Se realocarmos um ativo para um fim alternativo sem que haja perda significativa do benefício que ele traz, então dizemos que ele tem baixa especificidade. Esse é o caso do computador usado no almoxarifado da firma para fazer o controle do estoque e que foi levado para o departamento de pessoal para ser usado no cadastro dos funcionários. Se, ao contrário, tivermos um ativo cuja realocação cause uma perda substancial dos benefícios por ele trazidos, então dizemos que ele tem alta especificidade. Esse é o caso do alto-forno da companhia siderúrgica, que não pode ser usado para outra atividade senão a redução de minérios de ferro. Ainda mais, o alto-forno não pode ser facilmente vendido sem grande deságio, já que não há tantas siderúrgicas com linhas de produção homogêneas que se disponham a comprar tal ativo a qualquer momento. Assim, ativos de alta especificidade trazem consigo a necessidade de garantias de continuidade da transação. Essas garantias muitas vezes não podem ser satisfeitas a não ser por contratos complexos ou de longo prazo, ou mesmo pela completa integração da atividade em uma firma.

Williamson lembra que, embora uma das variáveis possa ser saliente numa determinada transação, as outras duas variáveis também precisam ser consideradas. A combinação dos vetores de custos de cada uma delas é que interessa.

Imagine-se, então, no século XVIII de Adam Smith, como um apontador de alfinetes. Você está diante da decisão de comprar ou fazer seu insumo principal, o pedaço cortado do fio de aço. Seus pensamentos se voltam para os custos de: 1) Localizar um ou mais agentes dispostos a vender o produto, ou então localizar pessoas com competência para o trabalho e contratá-las por salário; 2) Chegar a um acordo com um fornecedor sobre a quantidade e todos os atributos de qualidade que lhe interessam, ou então definir e monitorar o trabalho das pessoas contratadas; 3) Definir as responsabilidades do fornecedor caso algum problema ocorra (os pedaços de aço, por exemplo, podem quebrar no processo de apontamento), ou criar esquemas de incentivos e punições para seus funcionários contratados; 4) Fiscalizar todo o insumo que lhe foi entregue pelo fornecedor, ou criar garantias de que seus funcionários não ajam em prejuízo da firma; 5) Contratar um funcionário que se responsabilize pelas compras no mercado, fazer um contrato de fornecimento de médio ou longo prazo com um, dois ou três fornecedores, ou contratar por salário um advogado que trabalhe na proteção jurídica da empresa para com empregados e fornecedores.

Essas são algumas das suas preocupações envolvendo a questão de como organizar a produção de alfinetes, ou melhor, apenas parte dela. Imagine que os custos da produção em si não vão variar muito nas diferentes formas de organizar a produção. Por exemplo, o maquinário, o salário e os encargos de um empregado seriam os mesmos na sua firma ou na firma de um fornecedor especializado. Se isso for razoável, então poderemos ver com mais clareza que cada arranjo institucional – relações *spot* via mercado, contratos com fornecedores, subcontratação, integração vertical, ou outro – terá suas vantagens e desvantagens em termos de custos de transação. E os custos de transação serão, então, um fator primordial na decisão sobre quais arranjos institucionais adotar para se produzir alfinetes.

Imagine que nossa firma faça o apontamento dos fios de aço cortados e que decidamos integrar à etapa anterior de produção o corte do fio de aço. Para isso, compraremos uma firma especializada em cortar os fios de aço ou adicionaremos esta etapa da produção no rol de serviços de nossa empresa. Podemos estar diante de um caso de *truste* ou prática anticompetitiva. Em geral, assume-se nas áreas de Direito e Economia que práticas ou estruturas que coíbem a competição entre ofertantes ou demandantes são prejudiciais ao bem-estar dos demais participantes numa indústria ou mercado. Ao integrar o corte do fio de aço às atividades de nossa empresa, por exemplo, podemos eliminar todos ou vários dos demais cortadores do mercado. Isso coloca nossa empresa na condição de monopolista ou líder oligopolista na produção e venda de fio de aço cortado. Nosso poder de mercado pode ser usado para elevar preços, controlar insumos e tecnologias, praticar *dumping* ou adotar outras práticas de negócios que podem ser prejudiciais ao consumidor final e à competição neste segmento da indústria.

No entanto, pode ser que a integração vertical permita uma economia nos custos de transação entre as etapas de produção em questão. Talvez os antigos fornecedores de fio de aço cortado não conseguiam suprir o mercado de forma constante, previsível ou com qualidade suficiente ou homogênea, e tinham uma longa tradição de não honrar acordos com os compradores. A integração vertical desta etapa permitiu à nossa firma, então, controlar melhor a regularidade e a qualidade do processo produtivo, além de evitar as negociações difíceis e nem sempre bem encaminhadas com os cortadores independentes de fio de aço. Ao fim, se somarmos os custos de produção e transação de se fazer as duas etapas de produção separadamente, conectadas pelas transações de mercado, poderemos perceber que são mais elevados do que os custos somados de produção e transação de fazê-las integradamente na nossa firma. Ou seja, a produção integrada economiza custos de transação, o que pode resultar em alfinetes melhores e feitos com menores custos totais. A firma estará em melhores condições de precificar o seu produto, o fio de aço cortado e apontado, podendo escolher entre maior margem de lucro ou preços de venda menores a seus clientes. A preocupação *antitruste*, portanto, reside em saber se a integração vertical trará economias de transação (somadas a economias de escala, de escopo e de aprendizado, dentre outras) e se estas serão repassadas aos clientes intermediários na sequência da cadeia produtiva ou aos consumidores finais dos produtos envolvidos.

Podemos nos colocar em qualquer outra situação em que tenha relevância a pergunta "devo fazer ou comprar feito?". É tanto intuitivo quanto bem estudado que devemos considerar os custos de produção envolvidos nas duas opções clássicas, ou ainda em outras opções intermediárias que possam estar disponíveis ou ser criadas. Mas vimos que a pergunta não envolve apenas tomar a produção como um dado e o momento relacional de troca como autocontido e isolado das instituições humanas. Ou seja, se pararmos aí para entendermos a organização das atividades produtivas, desperdiçaremos as lições valiosas que recebemos de Aristóteles, Smith, Commons, Coase e Williamson sobre a abrangência e a importância das transações.

Referências

Sobre Custos de Transação

AZEVEDO, Paulo Furquim de. *Integração vertical e barganha*. Tese (Doutorado) – FEA-USP, São Paulo, 1996.

COASE, Ronald H. The nature of the firm. *Economica*, n. 4, v. 16, p. 386-405, 1937.

COMMONS, John R. *Legal foundations of capitalism*. New Brunswick: Transaction Publishers, 1924, [1995].

COMMONS, John R. The problem of correlating Law, Economics, and Ethics. *Wisconsin Law Review*, n. 8, v. 1, p. 3-26, 1932.

COMMONS, John R. *Institutional economics: its place in political economy*. Madison: University of Wisconsin Press, 1934. [1959].

KLAES, Matthias. Transaction costs, history of. *The New Palgrave Dictionary of Economics*, 2. ed. 2008.

SENT, Esther-Mirjam; KROESE, Annelie. Commemorating Oliver Williamson, a founding father of transaction cost economics. *Journal of Institutional Economics*, first view, p. 1-13, 2021.

WILLIAMSON, Oliver E. *Markets and hierarchies*: analysis and antitrust implications. Nova Iorque: Free Press, 1975.

WILLIAMSON, Oliver E. Transaction-cost economics: the governance of contractual relations. *Journal of Law and Economics, n. 22*, p. 233-261, 1979.

WILLIAMSON, Oliver E. *The Economic Institutions of Capitalism*: firms, markets, relational contracting. Nova Iorque: Free Press, 1985.

WILLIAMSON, Oliver. E. The theory of the firm as governance structure: from choice to contract. *Journal of Economic Perspectives*, n. 16, Summer, p. 171-195, 2002.

Para uma leitura crítica da Teoria dos Custos de Transação

GUEDES, Sebastião. Lei e ordem econômica no pensamento de John R. Commons. *Revista de Economia Política*, n. 33, v. 2, p. 281-297, 2013.

GROENEWEGEN, John (Ed.). *Transaction cost economics and beyond*. Boston: Kluwer Academic Publishers, 1996.

PESSALI, Huáscar. *Teoria dos custos de transação*: uma avaliação crítica à luz de diferentes correntes do pensamento. Dissertação (Mestrado) – PPGDE-UFPR, Curitiba, 1998.

PITELIS, Christos (Ed.). *Transaction costs, markets and hierarchies*. Oxford: Blackwell, 1993.

Sites de interesse

INTERNATIONAL SOCIETY FOR NEW INSTITUTIONAL ECONOMICS. Disponível em: http://www.isnie.org/. Acesso em 10 fev. 2022.

THE AMERICAN INSTITUTIONALIST SCHOOL. Disponível em: http://homepage.newschool.edu/het//schools/institut.htm. Acesso em 10 fev. 2022.

THE RONALD COASE INSTITUTE. Disponível em: http://www.coase.org/. Acesso em 10 fev. 2022.

THE SVERIGES Riksbank Prize in Economic Sciences in Memory of Alfred Nobel 2009 – Elinor Ostrom, Oliver E. Williamson. Prize Lecture: Transaction Cost Economics: The Natural Progression. Disponível em: http://www.nobelprize.org/nobel_prizes/economic-sciences/laureates/2009/williamson-facts.html. Acesso em 10 fev. 2022.

Informação bibliográfica deste texto, conforme a NBR 6023:2018 da Associação Brasileira de Normas Técnicas (ABNT):

PESSALI, Huáscar Fialho. Custos de transação. *In*: RIBEIRO, Marcia Carla Pereira; KLEIN, Vinicius (Coord.). *O que é Análise Econômica do Direito*: uma introdução. 3. ed. Belo Horizonte: Fórum, 2022. p. 95-106. ISBN 978-65-5518-359-7.

CAPÍTULO 9

ASSIMETRIA INFORMACIONAL

Fábio Leandro Tokars

Os fundamentos da teoria da assimetria informacional foram fixados ainda na década de 1970, por George Akerlof, Michael Spence e Joseph Stiglitz. Os três economistas receberam, por esta pesquisa, o Prêmio Nobel de 2001.

A pesquisa deles constitui uma derivação de outros estudos por meio dos quais foram constatadas as diversas imperfeições dos mercados, que vinham desafiando os postulados da economia clássica. Os modelos econômicos tradicionais foram construídos não só com base na premissa da racionalidade do sujeito, mas também na de que estão plena e equilibradamente disponíveis as informações necessárias ao seu processo decisório.

O objetivo central da pesquisa levada a cabo pelos referidos economistas é a compreensão quanto aos efeitos de um fato notório, mas que não era considerado pela teoria econômica clássica: em uma relação econômica, uma das partes naturalmente tem um conhecimento mais acurado que a outra, sobre o objeto da transação.

Assim, o vendedor de um carro (exemplo inicial e mais conhecido de Akerlof) tem pleno conhecimento a respeito de sua qualidade, enquanto o potencial comprador, na melhor das hipóteses, tem ciência do risco dos defeitos não identificáveis desde logo. Como efeito, segundo George Akerlof, não há carros usados bons à venda nas lojas. Segundo o autor, se o vendedor sabe que o carro é bom, somente aceitará vendê-lo por um preço que os potenciais compradores não estariam dispostos a pagar (somente pagariam se tivessem plena certeza quanto à qualidade do carro e, como essa certeza não existe, sempre se subtrai parte do preço projetado para cobrir tal risco).

Como consequências, alteram-se as premissas quanto ao comportamento racional dos agentes econômicos, modifica-se a estrutura de preços do mercado (em razão da utilização do poder de informação qualificada por quem sabe detê-la) e, como ponto de destaque, criam-se zonas de ausência de mercados. Esses mercados específicos não teriam condições de desenvolvimento não por ausência de demanda, mas em razão da impossibilidade de se chegar a um preço razoável diante da percepção das partes quanto à assimetria de informação relativamente ao objeto da transação.

Outras consequências investigadas pela ciência econômica são a seleção adversa (*adverse selection*) e o risco moral (*moral hazard*), especialmente nos mercados de seguros e de capitais. De acordo com o fenômeno da seleção adversa, os segurados que detêm uma situação de risco coberto mais evidente (com desequilíbrio informacional a seu favor, na medida em que a seguradora conhece limitadamente o efetivo quadro de risco vinculado ao segurado) tenderão a contratar os seguros, da mesma forma com que os sujeitos vinculados a uma estrutura menor de riscos tendem a não contratá-lo. Assim, a seguradora pode antever que o padrão efetivo de riscos assumidos pelos segurados será superior à média verificada no público a quem é oferecido o produto, o que deve conduzir a uma readequação econômica nos valores dos prêmios (que, em consequência, afugenta ainda mais aqueles que estão envolvidos em estruturas de risco menos evidentes). Já o risco moral pode ser constatado apenas após a assinatura dos contratos. Ele ocorre quando o segurado vinculado a uma estrutura de baixo risco altera o seu comportamento, elevando o seu padrão de risco após a contratação. Por exemplo, o sujeito segurado tende a estacionar os seus automóveis em locais menos protegidos do que faziam antes da contratação do seguro. Mais uma vez, cabe à seguradora a projeção quanto à probabilidade desta mudança de comportamento, o que eleva o seu risco negocial vinculado à correta precificação de seu produto.

Para além da análise comportamental derivada da assimetria de informação nos campos dos carros usados ou do mercado de seguros, encontramos no plano do Direito Empresarial uma área que mereceria maior atenção dos pesquisadores: as operações de compra e venda de empresas.

Se utilizarmos apenas referenciais econômicos, podemos chegar à conclusão de que a transferência de empresas (aqui tratada de forma abrangente, envolvendo as operações de transferência de controle societário, de trespasse de estabelecimento, de transferência de tecnologia e outras) é altamente benéfica ao desenvolvimento da economia de um país, não só porque reduz os riscos quanto à existência de público consumidor como (e principalmente) também porque este é um excelente mecanismo de estímulo ao desenvolvimento de novas tecnologias (na medida em que os pesquisadores poderiam projetar como ganhos de suas inovações não só os advindos das vendas diretas dos produtos, como também aqueles derivados das vendas das pequenas empresas a grandes *players*, com condições de explorar todo o mercado potencial daquele novo produto).

No plano jurídico, contudo, há no Brasil graves entraves à realização destas transferências de unidades empresariais. Em síntese absoluta, podemos apontar que o adquirente de uma unidade empresarial via de regra assumirá o risco de ser responsabilizado pelas dívidas assumidas por quem até então explorava a empresa, mesmo que estas dívidas não constem dos documentos contábeis e fiscais à disposição do comprador.

Há, aqui, uma clara assimetria de informação: quem vinha explorando a empresa conhece bem sua situação econômica, enquanto os potenciais compradores têm plena consciência tanto de que é impossível saber com exatidão o passivo oculto do vendedor quanto de que ele estará assumindo o risco pelo pagamento desse passivo. Da percepção desta assimetria de informação e do nível de responsabilidade daí derivado há diversas consequências econômicas possíveis, dentre as quais podemos elencar:

    a) empresas viáveis que não encontrem um comprador disposto a assumir o risco pelo passivo desconhecido tendem a ser liquidadas, e não transferidas, assim contrariando o princípio da preservação da empresa;

b) empresários que efetivamente precisam vender suas unidades empresariais acabarão por receber valores inferiores aos que poderiam receber se não houvesse a estrutura de riscos imposta pelo Direito brasileiro; e, entre outras,
c) não há estímulo maior ao desenvolvimento de novos mercados e tecnologias, na medida em que o desenvolvedor não encontrará futuros compradores dispostos a aceitar a estrutura de riscos e a assimetria de informações.

Outro campo claro de aplicação econômica da teoria da assimetria de informação é o mercado de seguros. Aliás, Akerlof examinou o problema dos seguros-saúde de forma específica. Como não é possível para a seguradora conhecer o real estado de saúde de um novo segurado, os preços tendem a incluir o risco envolvido. Como resultado, o economista constatou que grande parte dos cidadãos norte-americanos com mais de 65 anos não dispunham de seguro-saúde.

Estudos mais profundos sobre o comportamento do mercado de seguros (e também do mercado de crédito) podem ser encontrados na obra de Joseph Stiglitz.

Para tentar reduzir esta ineficiência de mercado, Michael Spence analisou a importância da "sinalização", entendida como um meio de dotação de informação à parte afetada pelo risco da assimetria. É o caso, por exemplo, do registro de um direito de propriedade industrial no INPI. Esta chancela governamental dá ao eventual cessionário deste direito a segurança quanto ao seu desenvolvimento e titularidade.

Esta sinalização não precisaria ser específica para um determinado objeto, podendo apresentar estrutura institucional. Foi o que ocorreu, no Brasil, com a edição do Código de Defesa do Consumidor. Desde a sua edição, há duas décadas, o Estado parte da premissa da hipossuficiência técnica do consumidor (uma das facetas da assimetria de informação), e busca corrigir este desequilíbrio por meio da previsão de direitos compensatórios e, em especial, por meio da flexibilização como marco de interpretação dos contratos de consumo.

Outra aplicação destes conceitos não é a identificação de obstáculos ao desenvolvimento de economias de médio porte. Esta é a preocupação final de Stiglitz, e a percepção inicial de Akerlof.

Da aplicação dos postulados básicos da teoria da assimetria de informação pode-se constatar os custos gerais da desonestidade de certos agentes econômicos. A partir do momento em que, no plano institucional, não se inibe eficientemente o comportamento desonesto, o mercado passa a trabalhar com a perspectiva da desonestidade, o que afeta o sistema de preços e a própria gama de realização de negócios. E daí derivam uma série de estudos de peso a respeito da forma como a assimetria informacional afeta, entre outros, o mercado de capitais (que depende, em essência, do nível de segurança sinalizado ao potencial investidor). Neste ambiente, a adoção de padrões de governança corporativa por parte das companhias abertas acaba por representar um custo necessário, diante do risco da desconfiança derivada da percepção tanto da assimetria de informação quanto da eventual incapacidade do Estado em bloquear comportamentos danosos ao interesse dos investidores.

Referências

AKERLOF, George. The market for "lemons": quality uncertainty and the market mechanism. *The Quarterly Journal of Economics*, Vol. 84, n. 3. (aug., 1970), p. 488-500.

SPENCE, Michael. *Market signaling*: informational transfer in hiring and related screening processes. Cambridge, Mass.: Harvard University Press, 1974.

STIGLITZ, Joseph; ROTHSCHILD, Michael. Equilibrium in competitive insurance markets: an essay on the economics of imperfect information. *The Quarterly Journal of Economics*, Vol. 90, n. 4 (nov., 1976), p. 629-649.

Informação bibliográfica deste texto, conforme a NBR 6023:2018 da Associação Brasileira de Normas Técnicas (ABNT):

TOKARS, Fabio Leandro. Assimetria informacional. *In*: RIBEIRO, Marcia Carla Pereira; KLEIN, Vinicius (Coord.). *O que é Análise Econômica do Direito*: uma introdução. 3. ed. Belo Horizonte: Fórum, 2022. p. 107-113. ISBN 978-65-5518-359-7.

CAPÍTULO 10

TEORIA DA AGÊNCIA (PROBLEMA AGENTE-PRINCIPAL)

Francisco Renato Codevila Pinheiro Filho

10.1 Introdução

Agradeço o convite[1] e, de imediato, passo ao tema que me foi proposto, que é Teoria da Agência, ou, como também é conhecido, Problema Agente-Principal. Antes, porém, é preciso que o leitor tenha uma breve noção sobre o postulado da racionalidade, por onde, então, iniciarei a minha abordagem.

---

[1] Foi com imenso prazer que recebi o convite feito pela Associação Paranaense de Direito e Economia (ADEPAR), na pessoa do Professor Victor Hugo Domingues, para participar deste projeto pioneiro. A iniciativa é digna de elogios na medida em que ajudará a disseminar, em linguagem acessível, os conceitos básicos da Análise Econômica do Direito, ainda muito estigmatizada no Brasil, por ser mal compreendida e conviver diuturnamente com críticas injustas.

10.2 O postulado neoclássico da racionalidade dos indivíduos

Seja nas análises positivas ou descritivas (o que é), seja nas normativas ou propositivas (como deve ser), a economia neoclássica parte de alguns pressupostos, os quais, juntos, caracterizam o postulado da racionalidade. São eles:

a) *os desejos dos seres humanos são ilimitados, mas os recursos são escassos*, ou seja, ao tempo em que os desejos humanos são infinitos, os recursos necessários para a realização de todos os desejos são finitos e, consequentemente, escassos. Portanto, escassez significa que a sociedade tem recursos limitados e não pode produzir todos os bens e serviços que as pessoas desejam;

b) em ambiente de recursos escassos, *os indivíduos tendem a agir de forma a maximizar suas utilidades*. Utilidade é a satisfação e o prazer retirado de cada bem, sem haver, necessariamente, uma conotação material. Maximizar a utilidade significa extrair o máximo de utilidades possível com o menor custo. Nesse sentido, como os recursos disponíveis são escassos, antes de fazer uma escolha, cada indivíduo leva em consideração os custos e benefícios de adquirir os bens que constam da sua lista de preferências. É o que, em Economia, chama-se *trade-off*, ou seja, uma escolha realizada a partir da análise comparativa de custo e benefício entre opções disponíveis, porém, mutuamente excludentes em razão da

restrição orçamentária. Por exemplo: comprar um carro ou fazer uma viagem ao redor do mundo, construir um hospital público ou dar aumento salarial aos servidores públicos etc.;
c) *as preferências dos indivíduos são estáveis, completas, transitivas e ordinais*. Presume-se, inicialmente, que as preferências não se modificam, ou seja, que elas são estáveis. A estabilidade das preferências impõe que, se as pessoas mudaram de comportamento, então é porque alguma coisa mudou ao seu redor e não as suas preferências. Se as preferências não fossem estáveis, todo comportamento observado seria explicável, recorrendo-se à mudança de preferências, e assim a teoria perderia o seu poder explicativo. Admite-se, ainda, que as preferências são completas, isto é, que o agente é capaz de definir suas preferências em qualquer universo de escolhas possível, seja pelo estabelecimento de uma ordem de preferências (A é preferível a B, se e somente se A for tão bom quanto B, mas B não for tão bom quanto A), seja pela conclusão de que, diante das opções possíveis, o indivíduo é indiferente a todas elas (existe relação de indiferença quando A é tão bom quanto B, e B tão bom quanto A). Admite-se, também, a transitividade das escolhas, ou seja, se A é preferível a B, e B preferível a C, então, presume-se que, para o agente racional, A é preferível também a C, ainda que não tenham sido explicitamente comparadas. Ademais, as preferências são ordinais. Elas permitem dizer que A é preferível a B,

e B a C, mas não quão preferíveis elas são, ou se A é mais preferível a B do que B a C.

d) por fim, *os indivíduos reagem a estímulos*, ou seja, as escolhas podem ser modificadas em função de um elemento exterior à relação que existe entre o indivíduo e o bem por ele desejado. Quando o bem escasso que o indivíduo dispõe para trocar por outros pode se tornar ainda mais escasso em função de uma escolha, esta situação passa a influenciar na escolha. Como as pessoas tomam decisões por meio da comparação entre custos e benefícios, seu comportamento pode mudar quando os custos ou benefícios mudam. Por exemplo, o aumento do preço do bem, considerando a escassez dos recursos financeiros, pode fazer com que o indivíduo reveja suas prioridades (não as preferências, pois estas permanecem estáveis no modelo).

Em defesa da amplitude e utilidade do modelo, é necessário enfatizar que a noção de recurso escasso não está limitada à de recurso financeiro, e, justamente por isso, o modelo metodológico da microeconomia pode ser aplicado sempre que o indivíduo se vê diante da situação de ter que tomar uma decisão sobre como alocar melhor os recursos escassos disponíveis. Nesse sentido, afirma-se que, onde houver espaço para escolhas, as condutas serão passíveis de análise pelo método econômico, pois o objeto da moderna ciência econômica abrange toda forma de comportamento humano que requer a tomada de decisão. O principal motivo dessa amplitude é que, segundo Ivo Gico Jr. (2009), antes de qualquer coisa, a Economia caracteriza-se por ser um método de investigação, e não por ter um objeto específico de análise.

A esse respeito, Gary Becker (2004) fez uma interessante observação acerca da evolução do campo de análises da Economia, no sentido de que ela estaria ingressando em uma terceira era. Durante a primeira, considerava-se que a Economia se limitava ao estudo dos mecanismos de produção e de consumo de bens materiais (a tradicional teoria dos mercados). Em um segundo momento, o campo da teoria econômica foi sendo ampliado, dando lugar às questões decorrentes das trocas de moedas. Atualmente, o campo de análises da Economia se estende ao conjunto das condutas humanas e às decisões correspondentes. Assim, toda questão que coloque um problema de alocação de recursos e de opções em situação de escassez, caracterizada pelo enfrentamento de objetivos alternativos, pertence à Economia. Por isso, de acordo com o clássico conceito de Lionel Robbins (1983), Economia é a ciência que estuda o comportamento humano como uma relação entre fins e meios escassos, os quais possuem usos alternativos.

Antes de encerrar este tópico, é importante ressaltar que a ideia central é a de que o agente racional não toma decisões baseado, apenas, nas suas preferências. Além das preferências, leva em consideração a utilidade extraída de cada bem e os custos para obtê-los. Se isso é verdade, pode-se dizer que a diminuição da utilidade e o aumento dos custos (as pessoas reagem a incentivos), apesar de não alterarem as preferências, afetam as escolhas.

Pois bem, brevemente apresentado o postulado da racionalidade, o próximo passo é examinar a Teoria da Agência, cujo ferramental é utilizado para explicar a divergência que surge quando indivíduos racionais, com preferências e utilidades próprias, interagem.[2]

10.3 Teoria da Agência

Analisando, por exemplo, o funcionamento de uma empresa, surge a questão atinente ao relacionamento entre os diversos participantes que atuam no grande jogo da relação corporativa, isto é, proprietários da empresa, administradores, gestores, empregados e terceirizados. Como fazer, por exemplo, para que administradores, empregados e terceirizados desenvolvam os esforços necessários à maximização das utilidades dos proprietários?

É justamente este o pano de fundo inicial da Teoria da Agência, que trabalha com os seguintes elementos básicos: a) o *principal* – aquele que define o objetivo a ser perseguido (por exemplo, as metas da empresa) e os incentivos para que o agente se atenha à busca desse objetivo; b) o *agente* – aquele que deve orientar o seu comportamento de forma a atender à expectativa do principal; c) as preferências de principal e agente não são convergentes. Em suma, tem-se, de um lado, o principal, um agente racional que tem as suas próprias preferências; e, de outro, o agente, um agente racional contratado para atingir os objetivos definidos pelo principal, mas que também tem as suas próprias preferências.

Além disso, uma das bases da Teoria da Agência é o abandono de outro pressuposto da economia

---

[2] Para um estudo específico, ver o verbete da Racionalidade Limitada.

neoclássica, o de que os agentes possuem informação completa sobre os mercados e sobre os demais agentes que nele interagem. De acordo com Milgron e Roberts,[3] a *assimetria de informações* pode ser caracterizada como uma situação na qual uma das partes da transação não possui toda a informação relevante para averiguar se os termos do contrato que está sendo proposto são mutuamente aceitáveis e se serão implementados.[4]

No âmbito da Teoria da Agência, assimetria de informações significa que o principal não consegue saber se o nível de comprometimento do agente é compatível com o grau de maximização de utilidade desejada, por isso o principal pode ser levado a fazer escolhas equivocadas, como a contratação de um empregado cujas preferências não são compatíveis com as do principal. De outro lado, o agente, ciente de que o controle que o principal exerce é ineficiente, fica livre para implementar suas preferências.

Uma descrição das relações agente-principal pode ser encontrada na *Riqueza das nações* (1776) de Adam Smith, mas a necessidade dessas relações remonta à própria divisão do trabalho. Contudo, o problema clássico que deu origem à teoria é a discussão acerca da separação entre propriedade e controle feita por Berle e Means (1932), sendo que a construção do primeiro modelo de análise dos custos decorrentes dessa relação pode ser atribuída a Jensen e Meckling (1976). Atualmente, o estudo da relação agente-principal

---

[3] Nesse sentido, ver: ARRUDA; MADRUGA; FREITAS JÚNIOR, 2008, p. 71-84.

[4] Para um estudo específico, ver o verbete de Assimetria de Informações.

perpassa diversas questões econômicas e jurídicas, tais como a relação entre as partes contratantes, entre empregador e empregado, entre regulador e regulado, entre formuladores de política e beneficiários dessa política, entre instituições financeiras e tomadores de empréstimos, dentre outros. Ainda, é possível citar duas formulações que surgiram a partir do estudo dessa relação: i) a literatura acerca do *design* de mecanismos, que trata da questão da criação de contratos que gerem os incentivos ótimos; ii) a discussão na formulação de políticas públicas, por exemplo industriais, que sejam dotadas de mecanismos de incentivo e supervisão (*carrot and stick mechanisms*) para garantir a sua efetividade. Para ilustrar a relevância desses desenvolvimentos basta verificar que os economistas Leonid Hurwicz, Eric S. Makin e Roger B. Myerson foram agraciados com o Nobel de Economia de 2007, em função da formulação da teoria do *design* de mecanismos.

O que a teoria da relação agente-principal procura fazer é identificar os custos em que o principal incorre em função da sua dependência para com a atuação do agente, que tem preferências próprias, capazes de desviá-lo do objetivo definido pelo principal. Esses custos, denominados custos de agência, foram classificados em três espécies por Jensen e Meckling: os custos de monitoramento do agente; os custos com os incentivos criados para o alinhamento dos interesses do agente em relação ao objetivo definido pelo principal; e os custos decorrentes das perdas residuais, que são as decorrentes da diferenciação entre as decisões ótimas para o principal e as decisões tomadas pelo agente. Assim, verifica-se que há um *trade-off* entre os ganhos decorrentes da relação agente-principal e os custos incorridos em função dela. A definição desses custos, por sua vez, depende da estruturação de um conjunto de mecanismos de monitoramento e incentivo que possa reduzir de forma eficiente as perdas residuais.

Os modelos econômicos que tratam do dilema agente-principal, em sua maioria, são construídos na forma da teoria dos jogos, retratando o agente e o principal como jogadores de um determinado jogo.

Ainda, deve-se afirmar que apesar das similaridades (como a criação de formas contratuais eficientes) a análise da Teoria da Agência (TA) é diversa da análise dos Custos de Transação (CT).[5] Uma visão geral das diferenças é encontrada em Williamson, que enuncia quatro diferenças principais: a unidade de análise da TA é o indivíduo, e a da CT é a transação; a CT identifica a especificidade de ativos como o foco da análise, a TA não traz nenhum foco de análise próprio; o principal custo na TA é a perda residual e, na CT, é a incapacidade de adaptação; a CT se concentra na análise contratual *ex post* e na governança, enquanto a TA se concentra na visão *ex ante* das relações contratuais e no alinhamento dos interesses.

A problemática do dilema agente-principal pode ser ilustrada por meio de alguns exemplos. No caso de uma relação de emprego, se o principal tratar da mesma forma os empregados que se comprometem com a maximização das suas utilidades e os que agem em sentido contrário, justamente porque não

---

[5] Para uma análise mais apurada dos custos de transação, ver o verbete Custos de Transação.

consegue diferenciá-los, não haverá incentivos para que os primeiros se esforcem, ou seja, o nível de esforço e o comprometimento dos melhores empregados corresponderão ao mínimo necessário para não serem demitidos, e, assim, a mão de obra qualificada se perderá. E mais, se para o agente é irrelevante alinhar, ou não, o seu comportamento aos interesses do principal, a tendência é que o agente, após atingir o nível mínimo de esforço, passe a maximizar suas próprias utilidades, as quais podem, em alguma medida, ser incompatíveis com as utilidades maximizadas pelo principal. Nesse caso, verifica-se que a dificuldade de monitoramento e a inexistência de incentivos capazes de alinhar os interesses irá gerar uma grande perda residual. Por conseguinte, um maior investimento do principal no aperfeiçoamento dos mecanismos de monitoramento e incentivos seria recomendável. A situação ilustrada pode ser vista em outra relação contratual, como, por exemplo, no contrato de franquia, em que o franqueador ocupa a posição de principal e os franqueados são os agentes. Nesse caso, se os custos de agência (monitoramento do franqueado, mecanismos de incentivo do franqueado e as perdas residuais) forem muito elevados, o franqueador pode optar pelo fim do sistema de franquia, com a sua substituição por outro contrato de distribuição *lato sensu* ou até pela criação de filiais.

No exemplo clássico de Berle e Means (1932) têm-se os administradores das sociedades anônimas como agentes e os acionistas, ou seja, os proprietários, como principais. Os principais, em especial individualmente, têm grande dificuldade em monitorar os administradores.

Portanto, são criados mecanismos de incentivo para que os administradores atuem sempre de acordo com os interesses dos acionistas. Apesar do tratamento do tema apenas como um exemplo ilustrativo, pode-se afirmar que esses mecanismos são imperfeitos, não permitindo um controle efetivo do comportamento dos administradores.

Assim, como a presença das relações agente-principal não pode ser evitada e tem cada vez mais crescido na sociedade atual, pode-se afirmar que a discussão acerca do tema tende cada vez mais a ocupar um lugar de destaque nos estudos de Direito e Economia.

Referências

AKERLOF, George. The market for lemmons: qualitative uncertainty and market mechanism. *Quartely Journal of Economics*, v. 84, 1970.

ARROW, K. J. *Principal and agents*: the structure of American business. Boston: Harvard Business School Press, 1985.

ARRUDA, Giovana da Silva de; MADRUGA, Sergio Rossi; FREITAS JÚNIOR, Ney Izaguirry. Governança corporativa e a teoria da agência em consonância com a controladoria. *Revista de Administração da UFSM*, v. 1, n. 1, p. 71-84, 2008.

GICO JR., Ivo Teixeira. Metodologia e epistemologia da análise econômica do direito. *Working Paper*, Departamento de Direito – UCB, 2009. Disponível em: http://works.bepress.com/ivo_teixeira_gico_junior/44. Acesso em 30 mai. 2010.

JENSEN, Michael; MECKLING, Willian. Theory of the firm: managerial behavior, agency costs and capital structure. *Journal of Financial Economics*, n. 3, p. 305-360, oct. 1976.

LAFFONT, Jean-Jacques; MARTIMORT, David. *The theory of incentives*: the principal-agent model. Princeton: Princeton University Press, 2002.

LECCA, Favio Leon. El análisis costo-beneficio de las leyes. *Revista de Economía y Derecho*, p. 119-126, out. 2004.

MANKIW, N. Gregory. *Introdução à Economia*. São Paulo: Pioneira Tomson Learning, 2005. cap. 22, p. 479-484.

PETGRAVE, Ezekiel Charles. A manual of the law of principal and agent. *Discussion Paper*, London, n. 627. Ray Rees. The theory of principal and agent: part 1. Disponível em: http://www.kellogg.northwestern.edu/research/math/papers/627.pdf. Acesso em 25 out. 2009.

ROBINS, Lionel. *An essay on the nature and significance of economics science*. 3. ed. London: Macmillan, 1983.

SCHWARTZ, Alan; WILDE, Louis. Imperfect information in markets for contract terms. *Virginia Law Review*, v. 69, p. 1387-1485, 1983.

SONGER, Donald R.; SEGAL, Jefrey A.; CAMERON, Charles M. The hierarchy of justice: testing a principal-agent model of supreme court: circuit court interactions. *American Journal of Political Science*, v. 38, n. 3, p. 673-696, aug. 1994.

WILLIAMSON, Oliver E. *Mechanisms of Governance*. Oxford: Oxford University Press, 1996.

Informação bibliográfica deste texto, conforme a NBR 6023:2018 da Associação Brasileira de Normas Técnicas (ABNT):

PINHEIRO FILHO, Francisco Renato Codevila. Teoria da agência: problema agente-principal. *In*: RIBEIRO, Marcia Carla Pereira; KLEIN, Vinicius (Coord.). *O que é Análise Econômica do Direito*: uma introdução. 3. ed. Belo Horizonte: Fórum, 2022. p. 115-126. ISBN 978-65-5518-359-7.

CAPÍTULO 11

TEORIA DOS JOGOS

Sabrina Maria Fadel Becue

A Teoria dos Jogos é uma ferramenta muito utilizada, sobretudo na Economia, para a interpretação do comportamento das pessoas quando estas interagem entre si. Podemos conceituá-la como um método para compreender a tomada de decisões, sendo dois os seus principais objetivos: auxiliar no entendimento *teórico* do processo de decisão dos agentes que interagem a partir de abstrações e pressupondo a racionalidade dos jogadores, e desenvolver nos agentes a capacidade de raciocinar estrategicamente.

A Teoria dos Jogos não tem sua utilização limitada à Economia, seu campo de atuação é vasto. Ela é também empregada, por exemplo, nas ciências políticas, em estratégias militares e no Direito. No campo do Direito, tendo em vista os dois objetivos citados anteriormente, a Teoria dos Jogos contribui na indução de comportamentos socialmente desejados, formalizando as regras dos jogos que são previamente conhecidas pelos jogadores e através da determinação dos riscos envolvidos e das penalidades. Ela também permite ao jurista definir os resultados pretendidos ao optar por um ou outro modelo normativo, tendo em vista critérios de eficiência e eficácia, normalmente ignorados pela tradição legalista.

Em um breve relato histórico, a origem da Teoria dos Jogos, enquanto doutrina acadêmica, é atribuída ao matemático Von Neumann, que a apresentou em seu primeiro artigo desenvolvido em 1928 (*Zur Theorie der Gesellschftsspiele*). Contudo, a obra fundamental foi desenvolvida por Von Neumann em coautoria com Oskar Morgenstern, em 1944 (*The Theory of Games and Economic Behavior*). Essa obra, no entanto, é de aplicação limitada, pois refere-se aos jogos de soma zero, nos quais o ganho de um jogador representa a perda equivalente sofrida pelo outro jogador. As interações sociais envolvem modelos mais elaborados e diversificados. Muitos estudos foram desenvolvidos após esta época, as contribuições mais significativas são de John Nash, John C. Harsanyi e Richard Selten, vencedores do Prêmio Nobel, em 1994. Os três autores enriqueceram a Teoria dos Jogos especialmente no que se refere ao conceito de equilíbrio, que será adiante analisado. Já na esfera do Direito, uma das principais obras foi desenvolvida por Baird, Gertner e Picker (*Game Theory and the Law*).

A partir do exposto (objetivo da teoria), toda interação entre agentes racionais que se comportam estrategicamente pode ser conceituada como jogo.[1] A Teoria dos Jogos tem os seguintes pressupostos:

---

[1] Existem jogos de pura sorte, mas só nos interessa aqui os jogos de estratégias, pois são estes que permitem o desenvolvimento de modelo formal de interação entre agentes, em vista a conduzir para os resultados mais eficientes.

a) *Interação* – as decisões (estratégias) de cada jogador, consideradas individualmente, influenciam os demais jogadores.
b) *Agentes* – indivíduo ou grupo de indivíduos que possuem capacidade para afetar a decisão de outros agentes ao interagirem. São denominados jogadores.
c) *Racionalidade* – dizer que todo jogador é racional significa que a estratégia escolhida é aquela mais eficiente para o objetivo final. Aqui, não importa a motivação do jogador, se suas escolhas são orientadas por desejos oportunistas ou não, mas que o jogador não seja guiado puramente por suas emoções, tradições ou valores. A racionalidade é o principal limite para aplicação da Teoria dos Jogos, pois na sua ausência o modelo teórico é incapaz de analisar a tomada de decisões.
d) *Comportamento Estratégico* – o jogador sabe que suas decisões afetam as decisões dos demais jogadores e vice-versa. Sua decisão leva em conta o jogo desenvolvido por todos os agentes, ou seja, a interdependência entre as ações. Para atingir seu objetivo, o jogador não faz aquilo que é melhor apenas sob o seu ponto de vista, sua estratégia deve considerar também as decisões e reações dos demais envolvidos. O comportamento estratégico, assim como a racionalidade, é um pressuposto fundamental para validade da Teoria dos Jogos. As condutas praticadas apenas com base na intuição ou desconsiderando a reação dos outros agentes

não podem ser explicadas a partir da Teoria dos Jogos.

Em relação ao pressuposto da racionalidade dos jogadores, é preciso tecer mais algumas considerações. As primeiras definições de racionalidade dentro da Teoria dos Jogos estavam ligadas à premissa de que todos os jogadores tinham pleno e irrestrito conhecimento das regras dos jogos e da intenção dos demais envolvidos. No entanto, teóricos, a exemplo de John Harsanyi, já desenvolvem modelos de jogos de informação incompleta, ou seja, interações nas quais os jogadores possuem graus diferenciados de conhecimento, alguns com informações privilegiadas.[2] Assim, a Teoria dos Jogos permanece válida mesmo sem pressupor a racionalidade absoluta dos jogadores. Também é possível fixar algumas bases para o comportamento racional: ele estará presente se os agentes não forem motivados apenas por condutas emocionais, pautadas na tradição e em valores; em jogos relativamente simples, nos quais os jogadores tiveram a oportunidade de aprender a jogar por meio de tentativa e erro e, por fim, se os incentivos para jogar forem adequados.

Existem diversos exemplos esquemáticos de jogos, o mais famoso é o "Dilema do Prisioneiro". Este exemplo é um modelo de jogo não cooperativo. O cenário é o seguinte: dois criminosos foram presos e colocados em celas separadas para impedir a comunicação entre eles. O delegado não possui elementos suficientes para acusá-los do crime, por isso propõe aos dois, separadamente,

---

[2] A respeito do tema, ver o verbete acerca da Assimetria Informacional.

que aquele que cooperar com a polícia, delatando o companheiro, receberá pena mais branda. Os jogadores sabem que a proposta de delatar o companheiro foi proposta para os dois. Assim, se o criminoso A acusar B, sem que B o acuse, ele será solto e o outro (criminoso B) receberá 3 (três) anos de prisão. Ao contrário, se B acusar A, sem ser acusado, B será solto e A receberá 3 (três) anos de prisão. Se os dois acusarem um ao outro, ambos serão condenados a 2 (dois) anos de prisão. Se ninguém acusar, os dois criminosos serão soltos por falta de prova.

Se os jogadores pudessem se comunicar e confiar na palavra do outro, a melhor estratégia seria não acusar. Todavia, como é um modelo de jogo não cooperativo (jogadores não podem estabelecer compromissos entre si), a melhor estratégia é acusar, na esperança de que o outro não acuse (quem colaborou com a polícia será libertado, enquanto o outro será condenado à pena máxima) ou, no mínimo, para assegurar uma pena um pouco menor (dois anos de prisão, ao invés de três). Dados os riscos envolvidos, de não acusar e ser condenado à pena máxima, se os dois jogadores forem racionais, a estratégia dominante será acusar e ambos ficarão presos por dois anos. O jogo demonstra que a estratégia dominante nem sempre assegura o resultado perfeito (ser libertado).

O Dilema do Prisioneiro é apenas um exemplo para compreensão de jogos não cooperativos, existem inúmeros outros exemplos célebres para cada modelo de interação (jogos de cooperação, jogos repetitivos, jogos simultâneos, jogos de informação completa e de informação incompleta). Destaca-se que para utilizar a Teoria dos Jogos não é preciso memorizar tais arquétipos, basta que se reconheçam os pressupostos de interação, racionalidade e comportamento estratégico nos agentes.

Por fim, a compreensão da Teoria dos Jogos não estará completa sem o conceito de *Equilíbrio de Nash*. Todos os autores concordam que John Nash revolucionou a Teoria dos Jogos ao introduzir sua definição de equilíbrio. Partindo das definições de interação e comportamento estratégico apresentadas anteriormente, é fácil compreender que um jogador racional, ao formular sua estratégia, leva em consideração as estratégias dos demais jogadores, de modo que nem sempre a conduta assumida pelo jogador será aquela que inicialmente ele pretendia de acordo apenas com suas ambições. O equilíbrio de Nash se verifica quando cada jogador está satisfeito com sua jogada (não deseja alterá-la), tendo em vista a estratégia adotada pelos demais, e isso é verdadeiro para todos os envolvidos. No jogo "O Dilema do Prisioneiro", o Equilíbrio de Nash está na estratégia de ambos se acusarem, pois esta é a melhor estratégia para os dois jogadores na hipótese de qualquer um resolver acusar. Existem jogos com a possibilidade de mais de um Equilíbrio de Nash, como, por exemplo, em lances em que ambos os jogadores saem ganhando ou em que cada lance anule igualmente o prejuízo do outro. O equilíbrio virtuoso (ganho, ganho) é denominado "Pareto Superior".[3] Por outro lado, há jogos nos quais,

---

[3] Ver o verbete acerca do Ótimo de Pareto.

em razão de falhas de coordenação, não se alcança o resultado mais eficiente na escala de Pareto, para todos os jogadores. Nessas circunstâncias, dizemos que o resultado é "Pareto Inferior". Identificar essa ocorrência é relevante para admitirmos a intervenção de um agente externo – por exemplo, o Estado – capaz de converter o resultado negativo (corrigindo os problemas de coordenação) em uma situação socialmente melhor, ou Pareto Superior.

O Equilíbrio de Nash foi construído para o modelo de racionalidade plena, isto é, toda a informação, tanto acerca da estrutura do jogo, quanto sobre as preferências dos outros jogadores, é de conhecimento comum. John Harsanyi desenvolveu o conceito de equilíbrio também para jogos de informação incompleta, este equilíbrio é denominado "Equilíbrio de Nash bayesiano". O terceiro vencedor do Prêmio Nobel de Economia, em 1994, Reinhard Selten, readequou a noção de Equilíbrio de Nash para os subjogos, jogos repetitivos cujas estratégias adotadas nas etapas anteriores são consideradas no histórico do jogo.

A Teoria dos Jogos é uma ferramenta que foi originalmente desenvolvida por matemáticos e economistas, mas conquistou outros campos do conhecimento humano, porque permite a análise do processo de decisão das pessoas quando estas estabelecem relações racionais umas com as outras. No Direito, a Teoria dos Jogos ganha importância especialmente nas relações privadas (sobretudo empresariais) que admitem a negociação entre os evolvidos. Na Análise Econômica do Direito, a Teoria dos Jogos incentiva a adoção de comportamentos estratégicos orientados para os resultados mais eficientes, tendo em vista a coletividade dos envolvidos, desestimulando as ações puramente intuitivas ou praticadas por conta da tradição. E, ainda, podemos citar a relação da Teoria dos Jogos com a Teoria da Decisão orientada pelo raciocínio consequencialista. A Lei de Introdução às normas do Direito Brasileiro (art. 20 e 21) recepcionou a ponderação prospectiva, ditada pelas consequências concretas da decisão judicial ou administrativa, e neste campo, os fundamentos da Teoria dos Jogos podem auxiliar na demonstração das alternativas apresentadas ao julgador e do caminho seguido, a partir da avaliação dos riscos e efeitos da decisão, com clareza sobre os seus limites e respeito ao rigor metodológico.

Referências

BAIRD, Douglas G.; GERTNER, Robert H; PICKER, Randal C. *Game theory and the law*. Cambridge: Harvard University Press, 2003.

FIANI, Ronaldo. *Teoria dos jogos*: para cursos de Administração e Economia. 5. ed. Rio de Janeiro: Elsevier, 2004.

KUHN, Harold W. *et al. The work of John Nash in Game Theory*: Nobel seminar. [s.d.]. Disponível em: http://nobelprize.org/nobel_prizes/economics/laureates/1994/nash-lecture.pdf. Acesso em 10 jan. 2022.

LEAL, Fernando. Consequencialismo, racionalidade e decisão jurídica: o que a teoria da decisão e a teoria dos jogos podem oferecer? *In*: PINHEIRO, Armando Castelar; PORTO, Antônio J. Maristrello; SAMPAIO, Patrícia Regina Pinheiro (Org.). *Direito e Economia*: diálogos. Rio de Janeiro: FGV Editora, 2019.

PINHEIRO, Armando Castelar; SADDI, Jairo. *Direito, economia e mercados*. 4. ed. Rio de Janeiro: Elsevier, 2005.

Informação bibliográfica deste texto, conforme a NBR 6023:2018 da Associação Brasileira de Normas Técnicas (ABNT):

BECUE, Sabrina Maria Fadel. Teoria dos jogos. *In*: RIBEIRO, Marcia Carla Pereira; KLEIN, Vinicius (Coord.). *O que é Análise Econômica do Direito*: uma introdução. 3. ed. Belo Horizonte: Fórum, 2022. p. 127-135. ISBN 978-65-5518-359-7.

ECONOMIA INSTITUCIONAL E NOVA ECONOMIA INSTITUCIONAL

Marcia Carla Pereira Ribeiro
Eduardo Oliveira Agustinho

12.1 Introdução

Partindo-se da concepção de que a Economia é a ciência das escolhas, o paradigma predominante na teoria econômica, denominado de neoclássico, compreende que essas são guiadas pela racionalidade, a qual é pautada pelo autointeresse e pela maximização da utilidade.

Essas premissas orientam a Análise Econômica do Direito proposta pela linha de pensamento conhecida como Escola de Chicago.

Já para a Economia Institucional e para a Nova Economia Institucional, a racionalidade do comportamento humano e suas escolhas são influenciadas pelas instituições.

A pesquisa desenvolvida pela Nova Economia Institucional no âmbito da Análise Econômica do Direito tem se destacado de forma relevante nas três últimas décadas.[1] Exemplo claro dessa ascensão são os recentes trabalhos agraciados com o Prêmio Nobel de Economia.[2]

12.2 Origens e fundamentos da Economia Institucional

As instituições representam, genericamente, as "regras do jogo", e estabelecem "um complexo de ações possíveis, que devem ser consideradas como parte de um sistema, e que compõem o sistema formal de instituições, quando incorporadas pelo direito, e o informal, na hipótese de não incorporação".[3]

Ao buscar ressaltar a relevância desses elementos sobre a racionalidade econômica, os institucionalistas manifestam uma reação à abstração que orienta o paradigma neoclássico, buscando, desse modo, uma visão mais realista do comportamento humano.

Nesse sentido, John R. Commons, em 1924, publica a obra *Legal Foundations of Capitalism*, destacando dentre os fundamentos do pensamento institucionalista:
- a concepção de que o comportamento humano é influenciado pelas instituições;
- a percepção da interação mútua entre as instituições e os atores econômicos como um processo evolutivo;

---

[1] Nesse sentido, ver: MERCURO; MEDEMA, 2006.
[2] Dentre estes, cite-se: Ronald Coase (1991), Douglass North (1993), Oliver Williamson e Elinor Ostrom (2009).
[3] Nesse sentido, ver: RIBEIRO; GALESKI JÚNIOR, 2009, p. 186.

- a necessidade de interdisciplinaridade da Economia com outras Ciências Sociais, dentre as quais, a História, a Sociologia, a Antropologia, a Psicologia e o Direito.

Um dos pontos de maior destaque na divergência entre a Economia Institucional e a Escola de Chicago está no emprego da eficiência alocativa como critério orientador de políticas legislativas.

Os institucionalistas não rejeitam a eficiência como um parâmetro a ser considerado. Todavia, afastam a sua adoção como o único. A justificativa para essa postura parte da percepção de que a atividade econômica não pode ser compreendida como um fenômeno natural, mas sim como uma estrutura que emerge de direitos já existentes na sociedade. Assim, como a eficiência alocativa é fruto dessa particular estrutura já pré-estabelecida, afirmar que esse é o critério que deve determinar os direitos torna esse raciocínio circular e inconsistente.

A crítica normalmente colocada à Economia Institucional reside na sua metodologia, considerada demasiadamente descritiva e indutiva. Além disso, destaca-se a ausência de preocupação com o estabelecimento de um quadro teórico mais preciso.

12.3 Origens e fundamentos da Nova Economia Institucional

A Nova Economia Institucional tem em comum com a Economia Institucional a concentração do foco de estudos sobre as instituições. A razão para a adoção do prefixo

"Nova", no entanto, decorre justamente da concordância dos seus autores com as críticas lançadas à antecessora.

Desse modo, os autores da Nova Economia Institucional buscam desenvolver um raciocínio pautado pelo método dedutivo, envolto em uma composição teórica mais precisa.

As premissas orientadoras dessa linha de pensamento são:
(i) as instituições são importantes para a análise econômica;
(ii) a determinação dessas instituições pode ser compreendida e explicada por meio do instrumental da teoria econômica;
(iii) as instituições afetam o desempenho econômico de maneira sistemática e preditiva.

A partir desses elementos, o enfoque neoinstitucionalista parte de assunções neoclássicas, as quais são relativizadas, contudo, pela consideração da influência das instituições.

Tem-se, assim, como princípios fundamentais: (i) a assunção de que os indivíduos seguem o autointeresse consoante com sua racionalidade, a qual é sujeita a limitações mais numerosas do que aquelas assumidas pelos neoclássicos; (ii) os indivíduos buscam a maximização da riqueza, cuja concepção é a de persecução de estruturas institucionais que aprimorem a capacidade de produção na sociedade.

Nesse quadro, são conceitos centrais para a Nova Economia Institucional, (i) a propriedade, (ii) o contrato e (iii) os custos de transação.

Além da distinção com relação à forma de assunção das premissas da economia neoclássica, outra diferença em relação à Escola de Chicago está na percepção sobre qual é o melhor meio para a solução de conflitos. Enquanto esta última atribui este papel ao Poder Judiciário, os neoinstitucionalistas priorizam a busca de soluções privadas, por intermédio do contrato.

Apesar disso, é bastante valorizada nessa linha de pensamento, a compreensão da relação entre Estado e Mercado.

A proposta de estudo das instituições dentro da Nova Economia Institucional é desenvolvida em dois níveis, denominados respectivamente de Ambiente Institucional e de Arranjos Institucionais, ou de Estruturas de Governança.

O primeiro se dirige à compreensão dos mencionados ambientes formal e informal, nos quais se desenvolvem as relações econômicas em geral.

O estudo dos Arranjos Institucionais, por sua vez, concentra-se na análise da escolha de estruturas de governança realizada pelos atores econômicos.

Desse modo, "enquanto o Ambiente Institucional propicia o conjunto de regras ou a estrutura na qual ocorre a produção, o comércio e a distribuição, os Arranjos Institucionais, ou Estruturas de Governança, determinam o conjunto específico de relações funcionais entre as partes". (MERCURO; MEDEMA, 2006, p. 261)

Em relação ao Ambiente Institucional, destacam-se os trabalhos que empregam a perspectiva da História Econômica. Nesse âmbito, é referência o trabalho de Douglass North. O autor procura analisar a evolução das instituições como um parâmetro para a compreensão das razões pelas quais determinados países obtêm melhores desempenhos econômicos que outros.

No âmbito dos Arranjos Institucionais, as premissas adotadas provêm precipuamente dos trabalhos de Análise Econômica do Direito de Propriedade desenvolvidos por Ronald Coase e Harold e Demsetz, os quais exploram, respectivamente, os custos de transação e os custos de agência.

Nesse âmbito, menciona-se a importância do trabalho de Oliver Williamson, o qual busca compreender as estruturas de relações contratuais a partir dos custos de transação. Estes estão presentes em todos os contratos e são compostos pelos custos de procura e de informação, de negociação e de decisão e, por fim, de fiscalização e de sanção no caso de comportamentos oportunistas. O sopesar desses fatores, desse modo, influencia a disposição das partes em realizar, ou não, um determinado negócio.

Nessa perspectiva, compreende-se que as regras estabelecidas no Ambiente Institucional são importantes, mas são os Arranjos Institucionais entre as partes, em suas relações específicas, que determinam o processo de produção e de comércio, os quais impactam diretamente sobre a economia.

Em suma, tanto no Ambiente Institucional quanto nos Arranjos Institucionais, a relação entre empresa, mercado e Direito pode ser compreendida e explicada por intermédio da teoria econômica, e a forma de estruturação dos direitos de propriedade e de contratos orienta os custos de transação e o potencial para o desenvolvimento econômico.

Referências

AGUIRRE, Basilia. Mudança Institucional, a perspectiva da Nova Economia Institucional. *Revista de Direito Mercantil, Industrial, Econômico e Financeiro*, v. 127, p. 179-187, jul./set. 2002.

ARAÚJO, Fernando. *Introdução à Economia*. Coimbra: Almedina, 2006.

MERCURO, Nicholas; MEDEMA, Steven G. *Economics and the law*: from Posner to post-modernism and beyond. Princeton: Princeton University Press, 2006.

NORTH, Douglass C. *Institutions, institutional change and economic performance*. Cambridge: Cambridge University Press, 1990.

RIBEIRO, Marcia Carla Pereira; GALESKI JÚNIOR, Irineu. *Teoria geral dos contratos*: contratos empresariais e análise econômica. Rio de Janeiro: Elsevier, 2009.

WILLIAMSON, Oliver E. Porque Direito, Economia e Organizações. *In*: ZYLBERSZTAJN, Décio; SZTAJN, Rachel. *Direito E Economia*: análise econômica do Direito e das organizações. Rio de Janeiro: Elsevier, 2005.

WILLIAMSON, Oliver E. *The economic institutions of capitalism*. New York: The Free Press, 1985.

Informação bibliográfica deste texto, conforme a NBR 6023:2018 da Associação Brasileira de Normas Técnicas (ABNT):

RIBEIRO, Marcia Carla Pereira; AGUSTINHO, Eduardo Oliveira. Economia institucional e nova economia institucional. *In*: RIBEIRO, Marcia Carla Pereira; KLEIN, Vinicius (Coord.). *O que é Análise Econômica do Direito*: uma introdução. 3. ed. Belo Horizonte: Fórum, 2022. p. 137-143. ISBN 978-65-5518-359-7.

CAPÍTULO 13

ECONOMIA DOS CONTRATOS

Irineu Galeski Júnior

13.1 Introdução

As relações mantidas entre os seres humanos têm as mais variadas motivações. Por exemplo, nos contatos familiares, o que impera é a afetividade, o sentimento de proteção que não se justifica de forma racional.

Nas relações entre grupos de pressão, às vezes se verifica um interesse comum racional de aumento de ganho, mas nem sempre: a associação para fins religiosos ou honoríficos se dá mais por um sentimento de identificação e por um "comportar-se de forma superior".

Por outro lado, há relações em que os agentes têm por objetivo realizar trocas de bens ou serviços para que ambos melhorem a sua condição. Nessas relações, geralmente não se visualiza um sentimento moral ou afetivo, mas, ao contrário, uma ânsia para que o bem-estar derivado da negociação seja o maior possível para cada um isoladamente, não importando se haverá um prejuízo da outra parte. Ao que foi descrito em linhas anteriores dá-se o nome de relação econômica.

É elemento caracterizador de uma relação econômica que o objeto do contato entre os agentes seja um bem escasso, ou seja, algo que não seja abundante no contexto social em que se trava a relação; disso decorre o segundo elemento: deve haver uma necessidade a ser satisfeita, que exige então essa interação para a mediação do bem escasso.

De acordo com os adeptos da escola econômica neoclássica, na relação econômica, os agentes agem de forma racional, quer dizer, tiram suas conclusões com base no raciocínio, no cálculo das probabilidades, no exame dos dados concretos do mundo, ou seja, não utilizam critérios fantásticos, mágicos ou que não se justificam do ponto de vista da "inteligência".

Assim, age de forma irracional o sujeito que gasta toda a sua fortuna para adquirir uma obra de arte para efeitos de embelezar seus olhos, sobretudo quando sabe que o bem adquirido dificilmente será revendido por valor maior ou, quiçá, pela mesma quantia paga, pois haverá pouco ou nenhum interessado em pagar o montante.

Para a ciência econômica, a melhor relação é aquela eficiente, ou seja, em que a alocação dos recursos escassos provoque um máximo de satisfação. Assim, a relação econômica eficiente é aquela em que não há "desperdícios".

A racionalidade é um dos elementos fundamentais para alguns pensadores econômicos que fixaram como pressuposto de estudo a existência de um "homem econômico". Nesse modelo, extraem-se todos os outros componentes que influenciam o comportamento humano, tais como fatores psicológicos, morais, éticos, religiosos, políticos, dentre outros, para examinar sua conduta de forma estritamente racional e motivada à satisfação de suas necessidades.

Agentes racionais, portanto, são pressupostos quando se estuda as relações econômicas.

Com o desenvolvimento da ciência econômica, a premissa de que os agentes gozam de uma racionalidade sem limites caiu por terra. Uma percepção mais realista expôs o fato de que o homem, embora deseje ter a racionalidade completa, não a consegue, ou seja, sua racionalidade é limitada. Isso ocorre por vários fatores, como, por exemplo, porque não é possível que o agente tenha conhecimento de todos os preços disponíveis no mercado,[1] logo, não poderá optar pelo efetivamente menor, de forma que isso fere a mecânica até então indiscutível da lei da oferta e da procura.[2]

Há, ainda, outras premissas que foram sendo desenvolvidas ao longo da história do pensamento econômico. Dentre elas, constatou-se que o mercado não

---

[1] Mercado é utilizado aqui como espaço "virtual" formado pela interação dos agentes econômicos que colocam seus bens disponíveis para a negociação.

[2] Essa lei foi uma constatação deduzida pelo economista fundador da Escola Clássica, Adam Smith, segundo a qual entendia que o mercado era regido por uma lei de causa e efeito. Quanto mais bens no mercado, a tendência é de que o preço do gênero caia; isso porque os agentes buscarão o menor preço, e alguns dos ofertantes, para se diferenciarem, reduziriam o preço; tal comportamento seria seguido pelos demais até que se chegasse a um ponto em que o preço do bem seria o mesmo que o valor de seu custo, chegando-se ao equilíbrio.

é suficiente para permitir um perfeito desenvolvimento das relações econômicas, tendo em vista que muitas são as suas falhas. As falhas de mercado estão relacionadas, por exemplo, a uma assimetria de informação, a uma possibilidade de que um agente abuse do outro, pois pode desempenhar comportamento oportunista, dentre outras conclusões.

Nessas situações, são invocadas soluções para que sejam dirimidas essas falhas. O Direito, enquanto conjunto de regras capazes de ser impostas de forma coercitiva, é um instrumento para isso.

Mais adiante na evolução do pensamento econômico, os adeptos da Teoria Neoinstitucionalista, inaugurada pelo pensamento de Oliver Williamson, alertaram que nas relações econômicas muito se perde entre as partes a título de "custos de transação". Para se negociar uma relação econômica, concretizá-la ou forçar o seu cumprimento, as partes gastam muito, o que poderia ser reduzido com a existência de algumas normas claras que garantissem mais efetividade ao negócio.

É nesse contexto de ideias que surge o objeto do presente trabalho: o contrato.

Embora o contrato seja um instituto peculiar ao Direito, fato é que também tem uma importância muito relevante na ciência econômica.

É certo que o contrato estudado no Direito apresenta muitas peculiaridades e nuances que não se cogitam no estudo econômico.

Para ilustrar isso, basta verificar o projeto pedagógico do ensino do Direito. Durante a graduação, o aluno estuda o contrato como instituto de Direito Administrativo (contrato administrativo), de Direito do Trabalho (contrato de trabalho), de Direito Civil, de Direito do Consumidor, de Direito Empresarial, de Direito de Família (pacto antenupcial), de Processo Civil (transação como forma de extinção do processo), dentre outros.

Do ponto de vista econômico, o contrato é o instrumento pelo qual os agentes formalizam a relação econômica. Na livre manifestação da vontade do agente, cada um sendo racional e conhecendo o melhor para si, na medida de sua limitação cognitiva, o contrato concretiza a manifestação da vontade e faz com que os riscos inerentes à negociação sejam limitados. O objetivo é que o contrato preveja e regule todos os possíveis comportamentos das partes, desde o que devem fazer, até quais as consequências caso não os façam.

A eficiência da relação se dá quando o contrato garante às partes a realização daquilo que se pretendia. Parte-se do princípio de que as partes, quando celebram o contrato, têm noção do que é melhor para cada uma, ou seja, a eficiência decorrerá do exato cumprimento do contrato.

Assim, transpondo-se a importância do Direito nesse contexto, o conjunto de regras jurídicas deve prever os elementos, a estrutura, os vícios e as formas de extinção dos contratos, para que estes sejam celebrados dentro desses limites jurídicos.

Portanto, o contrato é um instituto que está intimamente relacionado às relações econômicas, afinal, é seu instrumento.

O Direito deve tratar dos contratos, porque assim vem a normatizar e a corrigi-los, suprindo a deficiência natural decorrente das falhas de mercado.

13.2 Dos vícios

Um dos principais papéis do Direito no que tange ao contrato como instrumento econômico de operacionalizar as relações econômicas é tratar da sua formação.

A previsão e sistematização dos vícios do negócio jurídico contratual são fundamentais para efeitos econômicos.

Como foi visto, por mais que os agentes econômicos desejem ter conhecimento racional para celebrar o melhor contrato, isso é improvável que aconteça, tendo em vista a natural deficiência decorrente do efeito reducionista da realidade.[3]

Contudo, quando a diferença de conhecimento entre as partes decorre não da natural desproporcionalidade,[4] mas sim de influências que aumentam essa diferença, o Direito deve reprovar tal contrato, a bem da busca da eficiência.

A eficiência, como visto, é a melhor alocação com um mínimo de dispêndio. E também como visto, presume-se eficiente a relação das partes quando estas negociam livres de influências indevidas, porque elas são as mais habilitadas para calcular seu custo-benefício.

---

[3] É impossível que o agente econômico conheça tudo o que existe e o que acontece à sua volta para tomar a melhor decisão, por isso, fala-se em redução da realidade para a melhor decisão.

[4] Naturalmente, algum agente sabe mais do que outro sobre o que negocia. Quando vendo meu veículo, conheço seu funcionamento e condição de conservação melhor do que o comprador, conforme bem exemplificou Akerlof em seu "Caso dos limões".

Quando não estão livres na manifestação da vontade, ou quando são influenciadas maliciosamente, a fim de projetar uma falsa percepção da realidade, o contrato deve ser taxado de nulo ou anulável, porque não representará o resultado desejado e, portanto, não será eficiente.

Há que se ponderar nesse momento que o fato de o Direito coibir o contrato formulado com base no engano de uma das partes pode decorrer de imperativos morais ou éticos. Contudo, entende-se que do ponto de vista pragmático, a explicação econômica parece ser mais empiricamente observável.

Assim, verifica-se que o Código Civil vigente trata de anulável o negócio jurídico celebrado na presença de falha de cognição. Isso ocorre quando se verifica o erro, previsto no artigo 138, o dolo, previsto no artigo 145, a coação, prevista no artigo 151, o estado de perigo, previsto no artigo 156 e a lesão, prevista no artigo 157.

Presume-se que nessas situações a negociação não será eficiente para ambas as partes, mas apenas para uma delas: ou porque o resultado que se imaginava não ocorrerá, ou porque o resultado decorrente não era aquele desejado ao menos por uma das partes, mas foi imposto pela outra.

Contudo, o regime de anulabilidade de tais negócios tem a finalidade de preservar o negócio jurídico caso, mesmo na presença do vício, a parte supostamente prejudicada entenda suficiente o resultado obtido.

Por esse motivo, o artigo 172 prevê que o negócio anulável pode ser confirmado, ao contrário do negócio nulo, que, conforme artigo 169, não pode ser convalidado, pendendo, portanto, presunção absoluta de que o fruto desse negócio nunca será suficiente para conferir um mínimo de eficiência ao contrato.

Verificar tais ponderações do ponto de vista econômico parece demonstrar a importância do contrato e das regras de anulabilidade para as relações econômicas.

13.3 Contextualização

Para se demonstrar a influência do ordenamento jurídico sobre a dinâmica contratual, vale apontar as recentes alterações nos contratos de locação.

As locações de bens imóveis são regidas pela Lei Federal nº 8.245/1991. A Lei Federal nº 12.112/2009 promoveu algumas alterações na lei de locações, que passaram a viger em 24 de janeiro de 2010.

Uma delas merece especial destaque: a inserção do inciso IX ao parágrafo primeiro do artigo 59, que permite o deferimento de liminar para desocupação do imóvel no prazo de quinze dias no caso de não pagamento de aluguel ou acessório (taxa condominial, IPTU e afins).

Contudo, tal faculdade processual só é deferida nos contratos que não contenham garantias, tais como caução, fiança ou seguro-fiança.

Quanto aos contratos garantidos, tal liminar não pode ser deferida, a não ser que se comprove os requisitos da antecipação de tutela, previstos no artigo 273 do Código de Processo Civil, e que são extremamente excepcionais.

Até o advento dessa lei nova, a celebração de contrato de locação era cercada de custos de transação iniciais, em outras palavras, o locador e o locatário precisavam realizar uma série de atividades e despender valores para a celebração de garantias e para a pesquisa de informações cadastrais, considerando que o ordenamento jurídico não garantia um meio eficiente e célere de rompimento do contrato de locação. Assim, após todos os procedimentos preparatórios, inadimplido o contrato, o locador precisava atravessar um longo processo de despejo, recebendo seus alugueres após um lapso não menor que dois anos, do locatário ou fiador.

Com a simples inclusão do mencionado inciso, revela-se mais interessante ao locador abrir mão das garantias, para com isso ganhar direito a uma desocupação célere e realização de nova locação em seguida.

Desse modo, troca o crédito, no final do processo, pela disponibilização do imóvel para nova locação. Essa alteração que, em um primeiro momento, poderia parecer mais vantajosa para os locadores, em verdade, traz benefício também para o mercado dos locatários, pois diminuirá os custos de transação iniciais, bem como o próprio valor dos alugueres, em razão da maior proteção aos locadores, que provocará uma maior dinâmica na oferta de imóveis.

13.4 Conclusão

O contrato é instituto intimamente ligado às relações econômicas, pois é seu instrumento de operacionalização.

O Direito assume o papel de definir e regular os contratos, porque é seu papel principal normatizar as instituições relevantes para a dinâmica social.

Nesse contexto, a forma pela qual o Direito regula o contrato pode dar maior ou menor efetividade às relações econômicas, pode otimizar os enlaces suficientes ou reprovar as relações viciadas.

Desse modo, uma análise jurídica e econômica do contrato é indispensável para um modelo de mercado baseado na propriedade privada, na livre iniciativa e na livre concorrência.

Referências

AKERLOF, George A. The market for "lemons": quality uncertainty and the Market Mechanism. *In*: WAHL, J. (Org.). *Economic Analysis of Contract Law, Antitrust Law, and Safety Regulations*. New York: Garland Publishing, 1998.

ARAÚJO, Fernando. *Teoria econômica do contrato*. Coimbra: Almedina, 2007.

AZEVEDO, Paulo Furquim de. Contratos: uma perspectiva econômica. *In*: STAJN, R.; ZYLBERSTAJN, D. (Org.). *Direito e Economia*: análise econômica do Direito e das Organizações. Rio de Janeiro: Elsevier, 2005.

PINHEIRO, Armando Castelar; SADDI, Jairo. *Direito, economia e mercados*. Rio de Janeiro: Elsevier, 2005.

POSNER, Richard A. *El análisis Económico del Derecho*. México, DF: Fondo de Cultura Económica, 2000.

RIBEIRO, Marcia Carla Pereira; GALESKI JUNIOR, Irineu. *Teoria geral dos contratos*: análise econômica e contratos empresariais. Rio de Janeiro: Elsevier, 2009.

RODRIGUES, Vasco. *Análise Econômica do Direito*. Coimbra: Almedina, 2007.

THALER, Richard; SUNSTEIN, Cass. *Nudge*: o empurrão para a escolha certa. Rio de Janeiro: Elsevier, 2008.

Informação bibliográfica deste texto, conforme a NBR 6023:2018 da Associação Brasileira de Normas Técnicas (ABNT):

GALESKI JUNIOR, Irineu. Economia dos contratos. *In*: RIBEIRO, Marcia Carla Pereira; KLEIN, Vinicius (Coord.). *O que é Análise Econômica do Direito*: uma introdução. 3. ed. Belo Horizonte: Fórum, 2022. p. 145-154. ISBN 978-65-5518-359-7.

CAPÍTULO 14

ECONOMIA DO CONFLITO

Cláudio Djissey Shikida

> *The efforts of men are utilized in two different ways: they are directed to the production or transformation of economic goods, or else, to the appropriation of goods produces by others.*[1]

14.1 Introdução

Existem três formas de se alocar recursos em uma economia. A primeira delas ocorre por meio de trocas voluntárias. A segunda delas envolve a existência de trocas coercitivas, mas consentidas, como é o caso das taxações feitas por algum tipo de representante da coletividade (*e.g.*, o governo ou a direção de uma

---

[1] PARETO, Vilfredo. *In*: HIRSHLEIFER, Jack. *The dark side of the force*: economic foundations of conflict theory. Cambridge: Cambridge University Press, 2001 p. 1.

associação). A terceira e última forma de alocação diz respeito às trocas coercitivas e não consentidas por, pelo menos, uma das partes envolvidas. Esta é a chamada *Economia do Conflito*.

14.2 Economia do Conflito: o modelo canônico

Jack Hirshleifer foi o pioneiro na Economia do Conflito,[2] tornando-a funcional sob o arcabouço da otimização individual e com resultados comparáveis em termos de bem-estar social.[3] Considere dois grupos[4] (que já resolveram os próprios problemas de ação coletiva de alguma forma).[5] Cada grupo deve decidir como alocar sua população entre atividades produtivas (E) e atividades de combate (F), para tentar

---

[2] Para um resumo de sua obra, ver (HIRSHLEIFER, Jack. *The dark side of the force*: economic foundations of conflict theory. Cambridge: Cambridge University Press, 2001; LANE, Frederic C. *Profits from power*: readings in protection rent and violence-controlling enterprises. New York: State University of New York Press, 1979), onde também está presente o artigo citado. Seus artigos sobre o tema surgem ainda nos anos 80. Alguns *insights* importantes sobre a importância econômica do conflito também podem ser encontrados nos escritos de Pareto e em Lane, este último caracterizado por interessante influência dos escritos de Karl Marx. Para outras referências anteriores, ver as referências citadas ao final da obra mencionada.

[3] O modelo canônico é o de Hirshleifer, no qual a exposição apresentada se baseia. (HIRSHLEIFER, Jack. *The dark side of the force*: economic foundations of conflict theory. Cambridge: Cambridge University Press, 2001).

[4] Os grupos poderiam ser tribos, países etc.

[5] A ação coletiva pode sofrer de problemas como os gerados pelo dilema dos prisioneiros. Entretanto, fatores como a ideologia ou normas culturais podem mitigar consideravelmente o problema, facilitando o empreendimento do grupo.

derrotar o adversário. A soma desses subgrupos da população compõe o total da mesma em cada grupo. Algebricamente:

$$E_1 + F_1 = R_1$$
$$E_2 + F_2 = R_2 \qquad (1)$$

Supõe-se que os direitos de propriedade sobre o produto gerado por este simplificado sistema econômico não estão bem delimitados. Isso ocorre se eles não existem, se estão mal definidos em lei ou, ainda, se são simplesmente ignorados.[6]

O produto total desta economia de dois grupos é gerado pelo total de sua força de trabalho. A tecnologia tem o formato CES (elasticidade de substituição constante) tal como expresso em (2):

$$I = A\left(E_1^{1/s} + E_2^{1/s}\right)^s \qquad (2)$$

O parâmetro "A" é um índice de produtividade total e "s" é o índice de complementaridade. Quanto maior a relação econômica entre os dois grupos, maior o valor de "s". Se s = 1, o produto total poderá ser gerado pela utilização total do trabalho em apenas um dos países.[7]

---

[6] Um exemplo deste tipo de situação é a corrida do ouro na Califórnia, cuja análise, sob a ótica da economia do conflito, encontra-se em Umbeck (UMBECK, J. *Theory of property rights with applications to the California Gold Rush*. Iowa: Iowa State Press, 1981).

[7] Neste caso, os grupos poderiam se aliar, com um grupo se especializando na produção do bem, e o outro no uso da violência, em uma aliança econômico-militar.

Se não há reconhecimento mútuo acerca dos direitos de propriedade sobre o produto total, então há possibilidade de conflito. Pode-se supor, para fins didáticos, que a probabilidade de sucesso de cada grupo seja função relativa do total de força militar empregado.[8] Assim:

$$p_1 = \frac{F_1^m}{F_1^m + F_2^m}, p_2 = \frac{F_2^m}{F_1^m + F_2^m} \qquad (3)$$

O parâmetro "m" (m > 0) indica a intensidade de cada força militar envolvida.

É razoável supor que a quantidade de produto conquistado seja diretamente relacionada à probabilidade de sucesso. A distribuição do produto entre os dois grupos, portanto, segue o seguinte sistema:

$$\begin{aligned} I_1 &= p_1 I \\ I_2 &= p_2 I \end{aligned} \qquad (4)$$

Dada esta "tecnologia" do conflito, cada grupo busca maximizar o seu sucesso, por meio da melhor

---

[8] Ver Hirshleifer, cap. 5, para especificações alternativas destas probabilidades. É interessante notar que o sistema (3) também foi proposto por Tullock em sua análise sobre atividades *rent-seeking*. (HIRSHLEIFER, Jack. *The dark side of the force*: economic foundations of conflict theory. Cambridge: Cambridge University Press, 2001. cap. 5; TULLOCK, G. Efficient Rent-Seeking. *In*: BUCHANAN, James. D.; TOLLISON, Robert D.; TULLOCK, Gordon (Ed.). *Toward a theory of the Rent-Seeking society*. College Station, Texas: A&M University Press, 1980).

alocação possível de sua população, entre atividades produtivas e violentas. Para o grupo 1, temos:

$$\underset{E_1,F_1}{MaxI_1} = \left(\frac{F_1^m}{F_1^m + F_2^m}\right) A\left(E_1^{1/s} + E_2^{1/s}\right)^s \quad s.a. \quad E_1 + F_1 \quad (5)$$

A otimização de (5) – e de seu similar pelo grupo 2 – resulta no sistema formado por (6) e (7), a seguir:

$$\frac{E_1^{\frac{1-s}{s}} F_1}{F_2^m} = \frac{m\left(E_1^{1/s} + E_2^{1/s}\right)}{F_1^m + F_2^m} \quad (6)$$

$$\frac{E_2^{\frac{1-s}{s}} F_2}{F_1^m} = \frac{m\left(E_1^{1/s} + E_2^{1/s}\right)}{F_1^m + F_2^m} \quad (7)$$

Este sistema pode ser resolvido de duas formas: ou supõe-se que os grupos agem simultaneamente, ou sequencialmente. Para simplificar, vamos imaginar simultaneidade nas decisões. Verifica-se que não existe uma solução analítica única. Para fins didáticos, vamos supor que os dois grupos são simétricos de forma: m = 1 e R1 = R2. Neste caso, verifica-se que cada grupo empregará exatamente a mesma quantidade de recursos em ambas as atividades.

$$F_1 = F_2 = E_1 = E_2 = (R_1 + R_2)/4 \quad (8)$$

Com a solução (8) e as relações (3) e (4), obtém-se que cada grupo conquistará exatamente metade do total de recursos. A outra metade desaparece como perda oriunda do conflito.

O modelo apresentado pode ser adaptado para várias situações de conflito. Por exemplo, Hirshleifer e Osborne[9] modelaram uma função de litígio para analisar como os esforços de "combate" entre duas partes em um tribunal, aliados a um fator importante, a verdade (*truth*), determinam um resultado "justo". Outro resultado interessante é que o caso mais meritório apresenta maior probabilidade de vitória.

Findlay[10] usou uma variante deste modelo para explicar os limites territoriais de expansões imperialistas como as do império romano. É interessante observar que ele considera, inclusive, a possibilidade de absorção dos derrotados pelo Estado vitorioso.[11]

Outro modelo interessante é o de Olson e McGuire,[12] no qual os *insights* iniciais da literatura sobre Escolha Pública acerca dos determinantes dos bens públicos ganham, por assim dizer, uma característica menos "coaseana" e mais "hobbesiana", com a figura do "bandido

---

[9] HIRSHLEIFER, Jack; OSBORNE, Evan. Truth, effort and the legal battle. *In*: HIRSHLEIFER, Jack. *The dark side of the force*: economic foundations of conflict theory. Cambridge: Cambridge University Press, 2001.

[10] FINDLAY, Ronald. Towards a model of territorial expansion and the limits of empire. *In*: GARFINKEL, Michelle R.; SKAPERDAS, Stergios. *The political economy of conflict and appropriation*. Cambridge: Cambridge University Press, 1996.

[11] Skaperdas e Syropoulos, no mesmo volume, analisam a possibilidade conjunta de comércio e conflito em uma das variantes mais interessantes do modelo "canônico" de Hirshleifer. (SKAPERDAS, S.; SYROPOULOS, C. Competitive trade with conflict. *In*: GARFINKEL, Michelle R.; SKAPERDAS, Stergios. *The political economy of conflict and appropriation*. Cambridge: Cambridge University Press, 1996).

[12] OLSON, Mancur J.; McGUIRE, Martin C. The economics of autocracy and majority rule: the invisible hand and the use of force. *Journal of Economic Literature*, v. 34, n. 1, p. 72-96, mar. 1996.

estacionário" que percebe o incentivo que sua vantagem comparativa no uso da violência representa em termos de ganhos privados. Assim, ao invés de se dedicar à pilhagem pura, ofertam-se bens públicos em troca de proteção.[13]

14.3 Economia do Conflito no Brasil

No caso brasileiro, a Economia do Conflito tem uma importância óbvia, dados os problemas de violência urbana e rural.

A maior parte dos estudos, contudo, têm se concentrado no caso da violência rural, cuja aceitação de direitos de propriedade sobre terras nem sempre é pacífica. Alguns exemplos de estudos aplicados são Alston; Libecap e Mueller,[14] Alston e Mueller,[15] Araújo Jr.; Shikida e Silva[16] e Araújo Jr.; Barros e Faria.[17]

---

[13] Note-se a convergência analítica entre os estudos de Escolha Pública, Economia do Crime e Economia do Conflito nestes artigos, no que poderíamos chamar de "expansão analítica da teoria econômica", incorporando conceitos e variáveis de outras áreas.

[14] ALSTON, Lee J.; LIBECAP, Gary D.; MUELLER, Bernardo. Violence and the development of property rights to land in the Brazilian amazon. *In*: DROBAK, John N.; Nye, John V. C. *The frontiers of the new institutional economics*. San Diego: Academic Press, 1997; ALSTON, Lee J.; LIBECAP, G. D.; MUELLER, B. Interest Groups, Information Manipulation in the Media, and Public Policy: the case of the landless peasants movement in Brazil. *NBER Working Paper*, n. 15865, 2010. Disponível em: http://www.nber.org/papers/w15865. Acesso em 31 mai. 2010.

[15] ALSTON, Lee J.; MUELLER, Bernardo. Property rights, land conflict and tenancy in Brazil. *NBER Working Paper*, n. 15771, 2010. Disponível em: http://www.nber.org/papers/w15771. Acesso em 31 mai. 2010.

[16] ARAÚJO JÚNIOR, Ari F. de; SHIKIDA, Claudio D.; SILVA, Patrícia A. Economia política da disputa por terras em Minas Gerais. *Revista de Economia e Sociologia Rural*, v. 46, n. 3, p. 803-830, jul./set. 2008.

[17] ARAÚJO JÚNIOR, Ari F. de; BARROS, Carlos P.; FARIA, João R. *Brazilian Land Tenure and Conflicts*: the landless peasants movement. Instituto

Referências

ALSTON, Lee J.; LIBECAP, G. D.; MUELLER, B. Interest Groups, Information Manipulation in the Media, and Public Policy: the case of the landless peasants movement in Brazil. *NBER Working Paper*, n. 15865, 2010. Disponível em: http://www.nber.org/papers/w15865. Acesso em 31 mai. 2010.

ALSTON, Lee J.; LIBECAP, Gary D.; MUELLER, Bernardo. Violence and the development of property rights to land in the Brazilian amazon. *In*: DROBAK, John N.; Nye, John V. C. *The frontiers of the new institutional economics*. San Diego: Academic Press, 1997.

ALSTON, Lee J.; MUELLER, Bernardo. Property rights, land conflict and tenancy in Brazil. *NBER Working Paper*, n. 15771, 2010. Disponível em: http://www.nber.org/papers/w15771. Acesso em 31 mai. 2010.

ARAUJO JUNIOR, Ari F. de; BARROS, Carlos P.; FARIA, João R. *Brazilian Land Tenure and Conflicts*: the landless peasants movement. Instituto Superior de Economia e Gestão (ISEG), Universidade Técnica de Lisboa, Departamento de Economia. Working Paper 07, 2011.

ARAUJO JUNIOR, Ari F. de; SHIKIDA, Claudio D.; SILVA, Patrícia A. Economia política da disputa por terras em Minas Gerais. *Revista de Economia e Sociologia Rural*, v. 46, n. 3, p. 803-830, jul./set. 2008.

FINDLAY, Ronald. Towards a model of territorial expansion and the limits of empire. *In*: GARFINKEL, Michelle R.; SKAPERDAS, Stergios. *The political economy of conflict and appropriation*. Cambridge: Cambridge University Press, 1996.

HIRSHLEIFER, Jack. *The dark side of the force*: economic foundations of conflict theory. Cambridge: Cambridge University Press, 2001.

HIRSHLEIFER, Jack. The paradox of power. *Economics and Politics*, v. 3, p.177-200, 1991.

HIRSHLEIFER, Jack; OSBORNE, Evan. Truth, effort and the legal battle. *In*: HIRSHLEIFER, Jack. *The dark side of the force*: economic foundations of conflict theory. Cambridge: Cambridge University Press, 2001.

Superior de Economia e Gestão (ISEG), Universidade Técnica de Lisboa, Departamento de Economia. Working Paper 07, 2011.

LANE, Frederic C. *Profits from power*: readings in protection rent and violence-controlling enterprises. New York: State University of New York Press, 1979.

OLSON, Mancur J.; McGUIRE, Martin C. The economics of autocracy and majority rule: the invisible hand and the use of force. *Journal of Economic Literature*, v. 34, n. 1, p. 72-96, mar. 1996.

SKAPERDAS, S.; SYROPOULOS, C. Competitive trade with conflict. *In*: GARFINKEL, Michelle R.; SKAPERDAS, Stergios. *The political economy of conflict and appropriation*. Cambridge: Cambridge University Press, 1996.

TULLOCK, G. Efficient Rent-Seeking. *In*: BUCHANAN, James. D.; TOLLISON, Robert D.; TULLOCK, Gordon (Ed.). *Toward a theory of the Rent-Seeking society*. College Station, Texas: A&M University Press, 1980.

UMBECK, J. *Theory of property rights with applications to the California Gold Rush*. Iowa: Iowa State Press, 1981.

Informação bibliográfica deste texto, conforme a NBR 6023:2018 da Associação Brasileira de Normas Técnicas (ABNT):

SHIKIDA, Claudio Djissey. Economia do Conflito. *In*: RIBEIRO, Marcia Carla Pereira; KLEIN, Vinicius (Coord.). *O que é Análise Econômica do Direito*: uma introdução. 3. ed. Belo Horizonte: Fórum, 2022. p. 155-163. ISBN 978-65-5518-359-7.

CAPÍTULO 15

ECONOMIA DO CRIME NO BRASIL

Pery Francisco Assis Shikida
Bárbara Françoise Cardoso

Este trabalho objetiva apresentar uma visão sobre a Economia do Crime no Brasil a partir de 15 anos de pesquisas em estabelecimentos carcerários paranaenses (feita por este pesquisador e sua equipe),[1] de onde se extraiu – à guisa de premissas teóricas fundamentadas mormente em Becker[2] – uma gama de dados primários que vieram expor evidências empíricas acerca do problema da criminalidade econômica.

Embora o conceito de crime seja jurídico – definido como ação típica, antijurídica e culpável, que comina pena de reclusão, detenção ou multa, aplicada isolada,

---

[1] Cadeia Pública de Cascavel, Cadeia Pública de Foz do Iguaçu, Cadeia Pública de Toledo, Penitenciária Central de Piraquara (PCP), Penitenciária Estadual de Foz do Iguaçu (PEF), Penitenciária Estadual de Piraquara (PEP), Penitenciária Feminina de Piraquara (PFP), Penitenciária Industrial de Cascavel (PIC) e Penitenciária Industrial de Guarapuava (PIG).

[2] BECKER, G. S. Crime and punishment: an economic approach. *Journal of Political Economy*, v. 76, n. 1, p. 169-217, 1968.

alternativa ou cumulativamente – existem diversas outras formas de abordá-lo. No sentido econômico, o crime pode ser classificado em dois grandes grupos: o lucrativo (furto, roubo ou extorsão, usurpação, estelionato, receptação etc.) e o não lucrativo (estupro, abuso de poder, tortura etc.).[3]

Com efeito, para Becker,[4] existe razão econômica para os indivíduos cometerem ou não crimes ditos lucrativos, definindo assim uma escolha ocupacional entre o setor legal e o setor ilegal da economia. A hipótese mor de Becker é a de que os agentes criminosos migram para as atividades ilegais na esperança de que os ganhos esperados superem os riscos da atividade (probabilidade de apreensão, de condenação e a severidade da pena imposta). A opção pelo crime econômico é uma decisão tomada racionalmente, em face da percepção de custos e benefícios, assim como os indivíduos fazem em relação a outras decisões cotidianas. Destarte, a ótica da maximização da utilidade esperada é fundamental para entender as escolhas dos indivíduos entre cometer ou não cometer um crime.

Antes de expor os principais resultados que este capítulo se propõe, cabe apresentar uma tabela com a cronologia dos artigos publicados sobre este tipo de pesquisa.

Tabela 1 – A economia do crime a partir de evidências empíricas: artigos resultantes de pesquisas feitas pelo autor e equipe em estabelecimentos carcerários paranaenses

---

[3] BECKER, G. S. Crime and punishment: an economic approach. *Journal of Political Economy*, v. 76, n. 1, p. 169-217, 1968.

[4] BECKER, G. S. Crime and punishment: an economic approach. *Journal of Political Economy*, v. 76, n. 1, p. 169-217, 1968.

ARTIGO, REVISTA E ANO DE PUBLICAÇÃO	AUTORES	ESTABELECIMENTO PESQUISADO	AMOSTRA PARA ESTUDO
Economia do crime: elementos teóricos e evidências empíricas. Análise Econômica, set. 2001.	SCHAEFER, G. J.; SHIKIDA, P. F. A.	Cadeia Pública de Toledo	21
Apontamentos acerca das organizações criminosas a partir de um estudo exploratório na Penitenciária Industrial de Guarapuava e Cadeia Pública de Foz do Iguaçu (Paraná). Revista de Ciências Empresariais da UNIPAR, jul./dez. 2002.	BORILLI, S.; SHIKIDA, P. F. A.	PIG e Cadeia Pública de Foz do Iguaçu	76 (PIG) 35 (Cadeia Pública de Foz do Iguaçu)
Economia e crime: um estudo exploratório na Penitenciária Industrial de Guarapuava e Cadeia Pública de Foz do Iguaçu (PR). Revista Econômica do Nordeste, abr./jun. 2003.	BORILLI, S.; SHIKIDA, P. F. A.	PIG e Cadeia Pública de Foz do Iguaçu	76 (PIG) 35 (Cadeia Pública de Foz do Iguaçu)
Um estudo de caso sobre o perfil socioeconômico de migrantes rurais que praticaram crimes de natureza econômica. Cadernos de Economia, jul./dez. 2003.	ENGEL, L. E. F.; SHIKIDA, P. F. A.	PIC	17
Economia do crime: teoria e evidências empíricas a partir de um estudo de caso na Penitenciária Estadual de Piraquara (PR). Revista de Economia e Administração, jul./set. 2005.*	SHIKIDA, P. F. A.	PEP	65
A moral importa?. Revista de Economia e Administração, out./dez. 2005.	SHIKIDA, C. D.; ARAUJO JR., A. F. de; SHIKIDA, P. F. A.	PCP, PEP e PFP	144 (PCP), 65 (PEP) e 53 (PFP)
Economia do crime: uma análise de gênero a partir de um estudo de caso na Penitenciária Feminina de Piraquara (PR). Revista de Estudos Sociais, 2005.	SIMON, D. C.; SHIKIDA, P. F. A.; BORILLI, S. P.	PFP	53

Crime econômico no Paraná: um estudo de caso. Análise Econômica, 2006.	BORILLI, S.; SHIKIDA, P. F. A.	PCP, PEP e PFP	144 (PCP), 65 (PEP) e 53 (PFP)
Determinantes do comportamento criminoso: um estudo econométrico nas Penitenciárias Central, Estadual e Feminina de Piraquara (Paraná). Pesquisa & Debate, 2006.	SHIKIDA, P. F. A.; ARAUJO JR., A. F.; SHIKIDA, C. D.; BORILLI, S. P.	PCP, PEP e PFP	144 (PCP), 65 (PEP) e 53 (PFP)
O trabalho atrás das grades: um estudo de caso na Penitenciária Estadual de Foz do Iguaçu – PR. Revista Brasileira de Gestão e Desenvolvimento Regional, jan./abr. 2008.	SHIKIDA, P. F. A.; BROGLIATTO, S. R. M.	PEF	67
Breves notas sobre a criminalidade: custo, papel das organizações e a questão feminina. Revista Desafio, jan./abr. 2009.	BORILLI, S.; SHIKIDA, P. F. A.	PCP, PEP e PFP	144 (PCP), 65 (PEP) e 53 (PFP)
Economia do crime e o encarceramento feminino: uma análise para o Estado do Paraná. Revista da Associação Mineira de Direito e Economia, 2010.	SHIKIDA, P. F. A.	PFP e Cadeia Pública de Cascavel	53 (PFP) e 26 (Cadeia Pública de Cascavel)
Economic crime in Paraná State, Brazil: a case study. Revista de Derecho Penal, Procesal y Criminología, 2010.	SHIKIDA , P. F. A.; BORILLI, S. P.	PCP, PEP e PFP	144 (PCP), 65 (PEP) e 53 (PFP)
Determinantes da reincidência penal no Estado do Paraná: uma análise empírica da economia do crime. Economic Analysis of Law Review, jul./dez. 2013.	GONÇALVES JR., C. A.; SHIKIDA, P. F. A.	PCP, PEP e PFP	144 (PCP), 65 (PEP) e 53 (PFP)
Reincidência penal: uma análise a partir da "economia do crime" para subsidiar decisões judiciais. Publicatio UEPG, jan./jun. 2014.	SHIKIDA, P. F. A.; GONÇALVES JR., C. A.; CARDOSO, B. F.; BIRCK, L. G.	PCP, PEP e PFP	144 (PCP), 65 (PEP) e 53 (PFP)

Fonte: **Referências citadas na primeira coluna.**
* = neste trabalho encontra-se, na íntegra, o questionário aplicado nas pesquisas cuja temática foi economia do crime.

Os comentários (estatística descritiva) a seguir remetem às principais conclusões das pesquisas retratadas na Tabela 1, sem se preocupar com minudências e outros detalhes que melhor se colocam nas fontes originais ora mencionadas.

No contexto geral das pesquisas citadas na Tabela 1, observou-se que a maioria dos pesquisados pertence a indivíduos do sexo masculino. Esses dados acompanham o contexto nacional, no qual a predominância prisional é do sexo masculino. Outrossim, sobre a criminalidade feminina, tem-se constatado o seu crescimento nos últimos anos, decorrente principalmente da maior participação feminina nas diversas atividades socioeconômicas, o que possibilitou novas oportunidades, inclusive a inserção no mundo do crime.

Além da questão do sexo, o perfil dos entrevistados ressalta também uma maioria de cor branca, majoritariamente jovens de até 28 anos, oriundos do próprio Paraná – meio urbano –, e religiosos (sendo a maioria católica, seguida de evangélicos, espíritas, protestantes; menos de 15% declararam não possuir religião). Tal distribuição segue uma tendência nacional e regional, que diz que o maior número de praticantes de crimes é de pessoas jovens.

Quanto ao nível de escolaridade, constatou-se uma maioria com ensino fundamental, seguida de uma parcela bem menor com ensino médio. Ainda uma minoria disse não possuir instrução, fato que também se repetiu para aqueles que têm ensino superior. Tais dados sugerem que maiores níveis educacionais podem vir a coibir e/ou a tolher a criminalidade. Porém, para os presos com maiores níveis educacionais, destacadamente ensino médio e superior, observaram-se práticas criminosas audaciosas e com nível de organização e planejamento mais complexo. Destarte, a menor incidência de analfabetos na criminalidade pode estar relacionada às exigências técnicas do crime, em que planos mais elaborados fazem da educação um requisito importante para a execução das tarefas.

Dentre os motivos relatados pelos entrevistados para justificar a interrupção/paralisação dos estudos, que resultaram na baixa escolaridade, destacaram-se fatores de ordem socioeconômica, visto que a necessidade de contribuir na renda familiar foi citada por grande parte dos entrevistados. Outros casos foram: desagregação da família; descaso para com a educação e falta de apoio; inadaptação escolar – falta de afinidade; envolvimento com o crime, drogas e delinquência; motivos relacionados ao casamento e/ou união estável; falta de estrutura educacional local; dificuldade de acesso; influência de terceiros.

Em relação à estrutura familiar dos entrevistados, constatou-se que mais da metade encontrava-se na condição de solteiros, divorciados, separados ou viúvos, enquanto na condição de casados, amasiados ou concubinos encontrava-se uma parcela menor dos entrevistados. No entanto, quanto à convivência marital dos entrevistados, dos que declararam viver com companheiros(as), próximo de um terço disseram que já tiveram outras uniões desfeitas, anteriores à época da prática do crime. Derivado das informações coletadas, têm-se que a família, enquanto um dos alicerces do bom andamento da sociedade, não está sendo uma aliada no combate ao crime e/ou repasse dos bons costumes aos seus membros. Entrementes, faz-se necessária uma ressalva neste ponto, pois, para parcela dos entrevistados que estava na condição de "sozinhos", ou seja, sem família, a ausência desta foi um motivador adicional para a atividade criminosa. Deriva-se daí uma importante asserção, qual seja: a de que o que importa na relação família-crime não é a sua simples composição, mas sim, a inter-relação existente entre os membros que a compõem, no sentido de repassar os bons costumes aos seus membros.

A relação dos entrevistados com o uso de drogas mostrou-se significativa, pois a maioria disse ser fumante e fazer uso regular de bebida alcoólica. Por outro lado, metade declarou usar drogas ilícitas – maconha, cocaína, crack – na época da prática do crime.

As diferenças de interesse material e a possível renda auferida podem influenciar na determinação do tipo de crime a ser praticado, ou seja, as vítimas foram escolhidas pelas suas características, condições socioeconômicas, hábitos, características familiares e pelos locais onde vivem. Em relação aos resultados da tipologia e aspectos do crime econômico, constatou-se esta sequência em termos de frequência das atividades ilícitas: crime de roubo, seguido de latrocínio, tráfico de drogas, furto, estelionato, sequestro, extorsão, entre outros.

A reincidência da prática criminosa ficou constatada, pois dois terços dos entrevistados eram reincidentes e, na maioria, no mesmo tipo de crime.

O comportamento criminoso vinculado a outras associações simbólicas relaciona o uso da arma de fogo na prática do crime econômico, uso associado à ideia de ganho fácil, conquista de mulheres, enfrentamento da morte, o que revela que as práticas no mundo do crime vinculam-se a atos da virilidade. Conforme dados obtidos, mais da metade dos entrevistados possuía arma de fogo, além de fazer uso dela na prática da atividade criminosa.

No aspecto da prática criminosa, o crime pode ser praticado por um indivíduo isoladamente ou de forma coletiva (organização). Em relação a isto – ação dos criminosos no tocante à formação de grupos –, dados das pesquisas demonstraram que a maioria agia em grupo e uma minoria agia isoladamente.

Os fatores motivacionais que levaram os entrevistados a praticarem as atividades criminosas foram os mais diversos. Contudo, destacaram-se: a) indução de "amigos" (influência negativa de grupos e/ou de terceiros); b) cobiça/ambição/ganância; c) manter o sustento do vício; d) inconsequência e desejo de aventura; e) dificuldade financeira (endividamento, por exemplo) e) ideia do ganho fácil; f) ajudar no orçamento familiar, tendo em vista estar desempregado; g) falta de estrutura e orientação familiar (despreparo para a vida); h) motivos fúteis (embriaguez, falta de perspectiva etc.); i) contribuir com o orçamento familiar, pois o dinheiro não dava para as despesas (empregado); j) manter o *status*; e l) inveja.

Analisando estes resultados, cabe citar algumas reflexões. Observou-se que a influência de "amigos" foi um fator determinante para fração dos entrevistados migrarem para o crime. Quando perguntado sobre a existência de algum parente e/ou conhecido próximo que tenha influenciado o entrevistado na prática do crime, constatou-se esse tipo de influência. Tal constatação fortalece a tese de interações sociais e reforça a importância da relação família/crime não apenas em simples composição, mas através da inter-relação existente entre os membros que a compõem, no sentido de repassar os "bons" ou "maus" costumes aos seus membros.

Outro aspecto importante a ser destacado é que a maioria dos entrevistados estava trabalhando na ocasião da prática do crime. Contudo, a associação da criminalidade ao baixo nível de escolaridade foi confirmada. Este cenário conjunto demonstra que melhores empregos com maiores remunerações podem influenciar negativamente o ingresso do indivíduo na prática do crime econômico.

Assim, os motivos que levaram à prática do crime econômico são de cunho social, de natureza conjuntural/estrutural, ligados a causas individuais, geralmente consideradas de natureza socioeconômica e psíquica (cobiça, ambição, ganho fácil, inveja, influência de amigos, desemprego, dificuldades financeiras, falta de estrutura familiar, entre outras).

Os dados das pesquisas também revelaram que a maioria dos entrevistados tinha alta percepção do grau de risco que estavam correndo quando da prática da atividade ilegal, pois para 42% dos entrevistados, o grau de risco era superior a sete (numa escala de 0 a 9); para 25%, o grau de risco oscilava entre 4 a 6, considerado risco moderado; e para os demais, o grau de risco era inferior a quatro. No entanto, para este grupo de entrevistados, o risco não representava perigo, pois consideravam esta atividade "normal". No geral, pode-se dizer que, mesmo tendo pouca escolaridade, a maioria dos entrevistados sabia do risco da atividade ilegal que estavam praticando.

Quanto ao malogro ou sucesso na atividade ilegal, cerca de um terço dos entrevistados disse não ter obtido sucesso em sua atividade criminosa e dois terços obtiveram algum sucesso. O insucesso da atividade criminosa, segundo os entrevistados, decorreu devido a fatores como: interferência de dedo duro (alcaguete – pessoa que delata outra); ação da polícia; e falha própria – descuido, bobeira. Isso demonstra, de certa forma, a fragilidade das organizações individuais e coletivas pesquisadas no tocante ao crime econômico como atividade ilícita, e/ou ressalta certa eficiência dos aparatos institucionais responsáveis pela repressão ao crime. Outrossim, como destaque percebido na condução das entrevistas, o insucesso a que se refere o entrevistado não está correlacionado com a punibilidade, mas ao retorno econômico não alcançado.

Não obstante, ao analisar os dados quanto ao retorno econômico esperado, num grau de 0 a 9 (considerando como obtenção máxima do retorno esperado o grau 9), verificou-se que 20% dos entrevistados não alcançou nenhum sucesso na prática da atividade ilícita: para 16% dos entrevistados, o retorno ficou abaixo do esperado (entre 1 e 3); para 23%, o retorno esperado ficou entre 4 e 6; porém, para 40% dos entrevistados, o retorno econômico esperado da atividade criminosa foi superior a 7. Isso demonstra que a probabilidade de se obter êxito na atividade ilegal pode ser considerada significativa, principalmente se for considerado o seu risco e o variado grau de organização declarado pelos entrevistados. Ademais, no decorrer das entrevistas, observou-se que alguns réus entrevistados, embora estivessem cerceados de sua liberdade de ir e vir, estavam, de certa forma, "satisfeitos" com os ganhos obtidos com o crime econômico.

De fato, o sucesso da atividade ilegal, assim como da atividade legal – numa sociedade capitalista – está correlacionado ao lucro. Portanto, o empresário – do setor ilegal – é o sujeito que organiza a sua atividade, reunindo os fatores de produção disponíveis e assumindo os riscos inerentes à atividade efetuada, podendo perceber lucros ou incorrer em prejuízos que, neste último caso, podem culminar na punibilidade – cerceamento de liberdade. Os resultados também apontaram que, para 80% dos entrevistados, a atividade criminosa resultou em algum grau de sucesso, sendo que, para 20% destes, o retorno à prática criminosa atingiu o grau máximo – igual a 9.

Em relação ao que poderia ser feito para diminuir os crimes de natureza econômica, os entrevistados, em sua maioria, apontaram para: mais educação profissionalizante; mais empregos com maior remuneração; mudança na legislação – penas mais severas —; políticas eficazes no combate ao tráfico de drogas – combate ao comércio de drogas —; assistência ao egresso – combater os preconceitos e a discriminação para com o ex-presidiário, posto que, o estigma de o preso ser identificado ou rotulado como desviante limita as suas oportunidades socioeconômicas.

Como corolário da compilação de 15 anos de pesquisas em estabelecimentos carcerários paranaenses, evidenciou-se o fato de que os criminosos migraram para as atividades ilegais na esperança de que os ganhos esperados superassem os riscos da atividade.

Nesse sentido, a opção pela prática do crime de natureza econômica foi uma decisão individual tomada racionalmente, com ou sem influência de terceiros, em face da percepção de custos e benefícios, assim como os indivíduos agem em relação a outras decisões de natureza econômica.

Referências

BECKER, G. S. Crime and punishment: an economic approach. *Journal of Political Economy*, v. 76, n. 1, p. 169-217, 1968.

Informação bibliográfica deste texto, conforme a NBR 6023:2018 da Associação Brasileira de Normas Técnicas (ABNT):

SHIKIDA, Pery Francisco Assis; CARDOSO, Bárbara Françoise. Economia do Crime no Brasil. *In*: RIBEIRO, Marcia Carla Pereira; KLEIN, Vinicius (Coord.). *O que é Análise Econômica do Direito*: uma introdução. 3. ed. Belo Horizonte: Fórum, 2022. p. 165-176. ISBN 978-65-5518-359-7.

CAPÍTULO 16

UMA TEORIA ECONÔMICA DO COMPARTILHAMENTO

Carlos Eduardo Koller

Uma Teoria Econômica para o compartilhamento pode ter início a partir da conformação do direito de propriedade imóvel às novas tecnologias de informação. E por essa razão, a teoria também se torna jurídica, vez que o direito de propriedade se insere no contexto do compartilhamento como um requisito para a sua execução, pelos seus titulares, quando captam a possibilidade de melhor aproveitar a ociosidade dos recursos.

As propriedades móveis e imóveis passaram a ser compartilhadas por indivíduos interessados em expandir o uso eficiente de seus bens, apoiados por interesses não apenas econômicos, mas também de caráter solidarista, pautados na noção de satisfação e aproveitamento balizados pela facilidade e comodidade com que as informações se transmitem pelos aplicativos de tecnologia.

Cada vez mais indivíduos se valem da ferramenta do compartilhamento para gerar maior abundância em um universo de escassez. Isso porque compartilhar bens econômicos tornou-se uma prática acessível entre as pessoas que buscam dar vazão à ociosidade de seus bens, extraindo deles um nível maior de satisfação e aproveitamento.

Instalou-se, em termos mundiais, um cenário propício ao compartilhamento de bens, inclusive os imóveis, porque em relação a estes, percebe-se que a celeridade na contratação e o baixo custo de operações funcionam como um incentivo para a oferta de quartos, apartamentos, salas comerciais etc. Desde os famosos *coworking*, até as novas formas de mobilidade urbana como a *Uber* e as mais modernas ferramentas de hospedagens como o *Airbnb*, todas perpassam pelo direito de propriedade.

Orlando Gomes trouxe um conceito para a propriedade como sendo o instituto classicamente considerado capaz de gerar oponibilidade *erga omnes* – dirigida contra toda a sociedade – absoluta nesses termos, em caráter de exclusividade quanto à titularidade perpétua, pois, nem mesmo a morte de seu titular poria fim ao seu direito, transmissível que é através da ordem de vocação hereditária.

O proprietário ainda conta com o direito de destruição de seus bens, intrínseco à temática dos direitos reais, representado pelo brocardo latino *jus abutendi*. Então, se ele pode destruir o que possui, também deve poder explorá-lo amplamente em sua funcionalidade econômica, sem que seja comprometida a sua função social (tomada em seu caráter restritivo na experiência nacional). Trata-se, tão somente, do reconhecimento de que o patrimônio deve estar a serviço de seu titular.

Contemporaneamente, essa mesma propriedade se transforma quando eclodem as práticas da Economia Compartilhada. Shelly Kreiczer Levy, em seu artigo "Consumption Property in the Sharing Economic", definiu a Economia Compartilhada como um sistema que compreende as mais variadas formas de consumo colaborativo, referentes à negociação, à troca, ao empréstimo, ao aluguel, à entrega e troca de produtos ou serviços, refinados pelo uso da comunicação virtual.

Em termos jurídicos, adotar os princípios da Economia Compartilhada, particularmente ao direito de propriedade imóvel, permite afastar equívocos na formulação de uma corrente teórica para o compartilhamento. Permitirá, por exemplo, o afastamento conceitual e de aplicação das normas específicas que regem as locações, assim como daquelas relacionadas à hotelaria, caracterizada pelo profissionalismo, para operações que se consolidam pelo modelo do *Airbnb*, ante a vastidão de elementos que dissociam essa forma atípica de negócio daquelas já conhecidas anteriormente.

A análise da natureza jurídica do contrato de compartilhamento conduz à conclusão sobre a atipicidade desses novos negócios, que se distanciam, portanto, das características e das normas referentes à locação de imóveis residenciais e comerciais, a ponto de admitir-se que, no caso dos imóveis, a Convenção de Condomínio possa limitar ou até proibir a incidência dessa modalidade de contrato, o que seria impraticável em termos de proibição condominial de locação pelos proprietários de suas unidades.

As mudanças não param por aí. Na perspectiva jurídica da propriedade imóvel, mais propriamente no seu aspecto analítico, os verbetes que compõem a gama de direitos associados ao domínio sofreram alargamento. Tem-se os tradicionais direitos de usar, gozar, dispor e reaver, acrescidos, agora, do direito de acessar. O acesso se dissocia do direito de uso, este típico das locações, pois não se trata de ato puramente possessório, mas de uso com precariedade (marcado pelo dever de restituir o bem em curto lapso temporal). Assim como se dá na detenção, pode-se considerar o acesso como um "quase uso" exercido em nome próprio do beneficiário.

Vejamos como se apresenta o direito real de propriedade quando dissociado em posse e detenção. É *possuidor* todo aquele que exerce atos possessórios em nome próprio; enquanto é *detentor* aquele que exerce atos de "quase posse" em nome alheio, como se dá com o fâmulo da posse – o caseiro, que guarda relação de dependência com o legítimo possuidor.

O hóspede do *Airbnb* ou o passageiro do *Uber* acessa a propriedade imóvel ou móvel, respectivamente, fazendo um "quase uso" em nome próprio, absolutamente diverso do uso em sentido estrito e da detenção – classicamente denominada "quase posse" – pois as vantagens econômicas dos bens passam, também, a ser compartilhadas e aproveitadas por todos os agentes envolvidos.

O acesso surge como um direito real atípico, pautado na flexibilização do princípio da taxatividade, e que confere aos sujeitos interessados em usufruir propriedades compartilhadas, facultativamente, o direito de ingresso no interior de imóveis, por exemplo, informalmente, por prazo inferior a noventa dias, afastando-se a incidência da Lei de Locações. Do mesmo modo, confere ao passageiro do *Uber* o direito de ingressar dentro de um automóvel, e não por isso, tornar-se possuidor ou locatário deste. Caso assim o fosse, teríamos à disposição do passageiro os interditos possessórios, o que não faria sentido algum.

No que se refere ao negócio jurídico inserido na Economia Compartilhada, o contrato celebrado enquadra-se na categoria daqueles dotados de autoexecutabilidade, permitindo às partes controle sobre os riscos a partir do ranqueamento dos comportamentos de ambas as partes, tanto daquele que compartilha quanto daquele que acessa o bem disposto ao compartilhamento. A informação, portanto, assume um papel de extrema relevância.

Uma Teoria Econômica do Compartilhamento assume que suas modalidades negociais incrementam iniciativas que podem gerar abundância de oferta num universo de escassez, melhorando o uso eficiente dos bens (e, por consequência, dos direitos inerentes ao domínio). Possibilita, a partir do reconhecimento de suas premissas, a padronização do compartilhamento voluntário, por meio de formas *sui generis* de contratos, para amparar juridicamente as operações dos agentes econômicos. Sua aplicação pressupõe a aceitação de que o direito ao acesso traz uma nova perspectiva que decorre da funcionalidade econômica dos bens, e não se deve confundir com o direito de uso típico dos contratos de locação, nem com a detenção. Por outro lado, é imprescindível que se reconheça que as novas funcionalidades têm estreita ligação com o desenvolvimento da tecnologia de informação.

Ademais, como é característico das proposições disruptivas, a Economia Compartilhada pode trazer riscos aos que dela se valem. Como o contrato atípico que negocia o compartilhamento pode ser celebrado por qualquer pessoa a um custo muito baixo, tem-se que os agentes que operam com locação ou hotelaria, por exemplo, podem questionar a existência de algum nível de concorrência desleal, já que ainda não foi consagrada a forma ideal de tributação e de fiscalização dos novos negócios gerados. Todavia, deve-se considerar que iniciativas nesse sentido, em razão do caráter pulverizado da oferta, podem onerar excessivamente os agentes ou ser inviáveis para a Administração Pública.

Não faria sentido um aparato jurídico que controlasse as atividades de hospedes e anfitriões, motoristas de aplicativo e passageiros, para além das plataformas de tecnologias, se a informalidade é a base do baixo custo e da popularidade das funcionalidades dessa natureza.

O indivíduo que busca se hospedar em um imóvel disponibilizado ao compartilhamento, talvez nem deseje as opções fornecidas pelo sistema de hospedagens profissionais (fazendo com que a hotelaria e o compartilhamento estejam enquadrados em diferentes mercados relevantes). Ao contrário, com a informalidade da ação econômica, opta racionalmente por reduzir o custo de transação de contratos que, definitivamente, não se confundem com a locação de imóveis.

Referências

GOMES, Orlando. *Direitos Reais*. (Coordenador Edvaldo de Brito). 21. ed. rev. e atual. por Luiz Edson Fachin. Rio de Janeiro: Editora Forense, 2012.

KOLLER, Carlos Eduardo. *O direito de acesso à propriedade imóvel a partir da economia compartilhada*: uma análise econômica. Belo Horizonte: Editora Dialética, 2021.

LEVY, Shelly Kreiczer. Consumption Property in the Sharing Economic. *Pepperdine Law Review*, Malibu, v. 04, nov. 2015.

Informação bibliográfica deste texto, conforme a NBR 6023:2018 da Associação Brasileira de Normas Técnicas (ABNT):

KOLLER, Carlos Eduardo. Uma teoria econômica do compartilhamento. *In*: RIBEIRO, Marcia Carla Pereira; KLEIN, Vinicius (Coord.). *O que é Análise Econômica do Direito*: uma introdução. 3. ed. Belo Horizonte: Fórum, 2022. p. 177-183. ISBN 978-65-5518-359-7.

CAPÍTULO 17

NOVAS TECNOLOGIAS E AED

Lara Bonemer Rocha Floriani

A Revolução 4.0, também chamada Revolução Digital, inaugurou uma série de possibilidades em todas as searas da vida humana, alterando sobremaneira a forma de pensar em termos de preferências, locomoção, hospedagem e transações econômicas, a exemplo das assistentes virtuais inteligentes *Siri* e *Alexa*, dos aplicativos *Uber* e *Airbnb*, e ainda, das *Fintechs*.

As facilidades propiciadas pelos novos dispositivos tecnológicos são inúmeras, tanto na esfera privada, quanto também profissional. Os aplicativos rastreiam a rotina dos indivíduos, indicando rotas menos congestionadas, descontos e novos lançamentos de produtos e serviços associados a preferências já manifestadas no âmbito da *internet*. Com apenas um clique, o indivíduo tem à sua disposição uma ampla gama de informações, produtos e serviços que se alinham diretamente aos seus interesses.

No âmbito profissional, especialmente no exercício da atividade empresarial, novas tecnologias se apresentam como redutoras de custos de transação, em termos de substituição de trabalho humano por assistentes virtuais, *softwares* programados para a realização de cálculos, de organização e controle de finanças, estoque, envio de produtos, cumprimento de prazos etc.

Entretanto, em que pese a facilidade trazida pelas inovações tecnológicas da Revolução Digital, é necessário ter cautela. Na esfera privada, é preciso cuidado para que o indivíduo não tenha suas escolhas pautadas pelas influências lançadas a partir do *neuromarketing*, tornando-se um verdadeiro refém de suas preferências anteriormente manifestadas. E na esfera profissional, para que o uso das novas tecnologias não resulte em um aumento elevado dos custos de transação incidentes sobre o exercício da atividade.

Para tanto, a Análise Econômica do Direito fornece o ferramental adequado para que se possa avaliar até que ponto o uso de novas tecnologias conduzirá a um resultado eficiente. A título de exemplo, cite-se o uso dos *smart contracts* em contratos empresariais.

Smart contracts são protocolos eletrônicos de autoexecução. Seu uso, para além de sua hipótese inicial de criação – *vending machines*, ou máquina de dispensa automática de refrigerantes – foi viabilizado pela tecnologia *blockchain*. Quando implementados em uma *blockchain*, os *smart contracts* permitem que determinada operação se execute automaticamente quando os acontecimentos pré-determinados pelo criador ocorrerem. Como exemplo, tome-se um contrato de seguro em que, ocorrendo o sinistro e sinalizada a ocorrência na *blockchain* pelas informações obtidas pelo oráculo, o prêmio é automaticamente liberado em favor do segurado, de acordo com os dados bancários inseridos no *smart contract*.

Esta nova tecnologia tem como principal característica a garantia da segurança de que a obrigação inserida será sempre cumprida.

Em um primeiro momento, esse aspecto parece resolver toda a problemática inerente ao inadimplemento dos contratos, afastando os custos de transação *ex post* compreendidos pela necessidade de buscar, seja o adimplemento da obrigação em espécie, seja a indenização por perdas e danos, perante o Poder Judiciário. Entretanto, uma análise mais detida evidencia a necessidade de cautela, pois nem sempre o adimplemento automático das obrigações contratuais conduzirá a um cenário eficiente, especialmente quando se considera o cenário dos contratos empresariais, em que as partes têm no lucro o escopo da atividade.

Esta assertiva encontra amparo em duas teorias fundamentais no âmbito da Análise Econômica do Direito: a Teoria dos Contratos Incompletos e a Teoria do Descumprimento Eficiente dos Contratos.

Os contratos são verdadeiramente incompletos, seja pela impossibilidade prática de antever todas as contingências futuras que podem surgir durante a relação contratual, em razão de aspectos como a imprevisibilidade e a falha da racionalidade humana, seja pelo interesse das próprias partes contratantes em deixar uma lacuna contratual a ser preenchida em momento futuro. Destaca-se, outrossim, que a busca pelo maior grau de completude contratual possível repercute em elevados custos de transação *ex ante*.

A incompletude contratual revela-se, assim, incompatível com a própria essência dos *smart contracts*, na medida em que nem sempre o cumprimento das obrigações pactuadas no contrato garantirá um resultado eficiente. É dizer que, dada a imprevisibilidade e as falhas da racionalidade, bem como eventual interesse das partes em resguardar a possibilidade de renegociação, é possível que em dado momento, as obrigações inicialmente estipuladas no contrato não tenham o seu cumprimento desejado pelas partes, pois conduzirão a um resultado ineficiente.

Tem-se, assim, um cenário de descumprimento eficiente do contrato. De acordo com Ejan Mackaay, a tese do descumprimento orienta no sentido de que quando uma parte contratante puder lucrar contratando com uma terceira pessoa em violação do contrato já existente, os Tribunais devem simplesmente impor à parte violadora o dever de compensar totalmente a vítima da violação, sem obrigá-la ao cumprimento do contrato primitivo. Se a indenização total puder ser paga e a parte inadimplente ainda tiver lucro, deve-se presumir que o objeto do contrato é transferido para um uso de valor mais alto nas mãos da terceira pessoa do que teria alcançado sob o cumprimento regular do contrato inicial. Desta forma, a violação é presumivelmente eficiente.

Tome-se o exemplo apresentado por Friedman: no ano de 1929, A contrata com B a limpeza de sua propriedade, na qual pretende construir um imóvel em alguns anos. Na avença, as partes buscam cobrir todas as contingências que poderiam ocorrer durante a vigência do contrato. Contudo, um fator imprevisto foi o da Grande Depressão. Assim, dois anos depois, quando B estava prestes a iniciar a limpeza da terra, o mercado imobiliário entrou em colapso, ficando o valor da terra limpa menor do que o custo da limpeza. A, então, diz a B que não mais pretende a limpeza de sua área, mas B responde que, por força do contrato, deverá cumprir a sua obrigação e receber a remuneração ajustada. Por força deste exemplo, Friedman demonstra que a quebra do contrato nem sempre será considerada ruim, uma vez que não existem razões para limpar uma terra e, para tanto, investir recursos, sem que ninguém queira construir, ainda que se sujeite o inadimplente a uma sanção.

O denominado *first-best contract* possui duas características fundamentais: assegura que o vendedor cumpra a sua obrigação somente quando o seu custo for menor do que a avaliação do comprador, e não o contrário; e que comprador e vendedor invistam a quantia certa.

Um dos grandes desafios em matéria de contratos é o de garantir que o interesse inicial das partes contratantes seja preservado, ou seja, o interesse na maximização de seu bem-estar, e que o contrato seja cumprido nos termos em que foi celebrado, sempre que resultar uma performance eficiente. A eficiência econômica está relacionada, portanto, ao cumprimento de uma promessa, se tanto o promitente quanto o promissário desejarem a executabilidade.

Considerando que os *smart contracts* se propõem ao cumprimento automático das obrigações, tem-se que nem sempre o seu uso conduzirá a um resultado eficiente, dada a imutabilidade dos dados registrados em uma *blockchain*. Esse aspecto se contrapõe à característica afeta à incompletude e à necessidade de preenchimento das lacunas contratuais. A falta de flexibilidade das contratações poderia, em alguns casos, conduzir a cenários de ineficiência, alterando a alocação inicial dos interesses das partes envolvidas na contratação.

A partir da aplicação das teorias da Análise Econômica do Direito a esta análise, conclui-se que são as circunstâncias do caso concreto, tais como a duração do contrato, a aversão das partes ao risco, a complexidade e a completude dos contratos, que indicarão a viabilidade econômica da inclusão de um *smart contract* em um contrato empresarial.

O agente econômico está, a todo momento, realizando escolhas em um ambiente de escassez para maximizar o seu bem-estar. Há uma constante ponderação das relações custo benefício em cada escolha realizada pelo indivíduo. Este postulado, considerado como um dos principais da Economia Neoclássica e que foi mantido pela escola da Nova Economia Institucional, evidencia não somente a importância, mas também a adequação do ferramental da Análise Econômica do Direito para avaliação do impacto gerado pelas novas tecnologias, tanto em termos da influência sobre as preferências individuais, quanto, principalmente, sob a perspectiva de eficiência econômica.

Referências

ARAÚJO, Fernando. *Teoria econômica do contrato*. Coimbra: Almedina, 2007.

FLORIANI, Lara Bonemer Rocha. *Smart contracts nos contratos empresariais*: um estudo sobre possibilidade e viabilidade econômica de sua utilização. Belo Horizonte: Editora Dialética, 2021.

FRIEDMAN, David D. *Law's order*: what economics has to do with law and why it matters. Princeton: Princeton University Press, 2000.

MACKAAY, Ejan. *Law and Economics for civil law systems*. Cheltenham: Edward Elgar Publishing Limited, 2013.

POSNER, Eric A. *Economic analysis of contract law after three decades: success or failure?* SSRN *Chicago Law & Economics*, Olin Working Paper, n. 146, p. 829-880, 2002. DOI: http://dx.doi.org/10.2139/ssrn.304977. Disponível em: https://ssrn.com/abstract=304977. Acesso em 21 out. 2019.

Informação bibliográfica deste texto, conforme a NBR 6023:2018 da Associação Brasileira de Normas Técnicas (ABNT):

FLORIANI, Lara Bonemer Rocha. Novas tecnologias e AED. *In*: RIBEIRO, Marcia Carla Pereira; KLEIN, Vinicius (Coord.). *O que é Análise Econômica do Direito*: uma introdução. 3. ed. Belo Horizonte: Fórum, 2022. p. 185-191. ISBN 978-65-5518-359-7.

CAPÍTULO 18

CONSEQUENCIALISMO NO JUDICIÁRIO

Luciana Yeung

18.1 Fundamentos da Análise Econômica do Direito

Em Economia, o consequencialismo pode ser entendido quando há criação de externalidades positivas ou negativas, ou seja, criação de benefícios ou custos para partes terceiras, quando uma decisão ou ação é tomada por um indivíduo, uma organização ou qualquer ente privado ou público. Pela teoria econômica, na presença de externalidades, o mercado completamente livre, sem intervenções, não geraria o melhor resultado, isto é, o resultado eficiente. Nesses casos, seria não somente justificável, mas também necessária a presença de um ente regulador para corrigir essa falha de mercado.

Assim se explica o fato de o sistema de Justiça ser estatal: pelas externalidades geradas para a sociedade todas as vezes em que decisões judiciais são criadas.

Ronald Coase, em seu famoso teorema, foi um dos primeiros a mostrar que as cortes, mesmo que de maneira não intencional, afetam a economia, ou seja, criam externalidades. Outros autores posteriormente também demonstraram que juízes e decisões judiciais geram consequências para o crescimento econômico, o nível de investimentos, a criação de empregos e mesmo o aumento da insegurança.

Desse modo, enquanto alguns juristas debatem se as decisões judiciais *deveriam* ou *não deveriam* ser proferidas sem perder de vista as consequências delas decorrentes, economistas e juseconomistas afirmam, categórica e positivamente, que as decisões judiciais *têm* consequências, quer gostem ou não. Essa diferença no olhar da questão está relacionada com a diferença na natureza das duas ciências.

O economista é treinado a analisar sempre as consequências de determinada opção de política pública, e não somente a integridade lógico dedutiva da norma ou do princípio em jogo. O olhar do economista é voltado para a "floresta", para as interações entre os agentes. Além disso, a *prática* jurídica é instantânea, preocupa-se mais com o momento presente, na tentativa de encerrar aquele caso trazido. Já o economista, dado que precisa entender o impacto comportamental no sistema, sabe que os efeitos políticos, sociais e econômicos podem demorar para acontecer: são como ondas em um lago agitado, propagam-se por muito tempo até a cessão do efeito. Finalmente, os economistas levam em conta a existência das já mencionadas externalidades – efeitos positivos ou negativos gerados para a sociedade e ignorados por aqueles que os produzem. Logo, uma decisão judicial não impacta somente as partes que trouxeram o litígio, ela servirá como sinalização para outros indivíduos e organizações, que por sua vez, tomarão decisões que refletirão igualmente em outras pessoas.

A insistência em ignorar as externalidades de suas decisões faz com que a dogmática jurídica e as decisões judiciais acabem gerando o que pode ser chamado de "efeito bumerangue". Este acontece, por exemplo, quando um juiz profere uma decisão (normalmente com muito boas intenções) para proteger uma pessoa, por exemplo, um hipossuficiente. Mas, pela ignorância de seus efeitos, a decisão acaba "voltando" e gerando resultados que prejudicam a própria pessoa que se quis inicialmente proteger – tal qual o bumerangue, que após lançado, volta e pode cortar a cabeça do lançador incauto.

Todos os dias, dezenas ou centenas de bumerangues são lançados por juízes bem-intencionados, gerando consequências perversas, se não desastrosas, no resultado final. Isso é causado, muitas vezes, porque puristas jurídicos, baseados na conhecida "Teoria Pura do Direito" de Hans Kelsen, acreditam e defendem a interpretação baseada unicamente na norma jurídica positivada, sem a possibilidade de se deixar "contaminar" por juízos de valor, fatores externos de qualquer natureza.

Interpretar a norma levando-se em conta as consequências – principalmente as de caráter material, econômico ou mesmo social – seria algo inadmissível para o intérprete autêntico do Direito. No entanto, outros juristas percebem que existe um pragmatismo possível e que a interpretação jurídica que se atém às consequências práticas (econômicas e/ou sociais) não necessariamente se desvia do objeto do ordenamento jurídico, muito pelo contrário. Sunstein,[1] por exemplo, compara argumentos jurídicos expressivistas e consequencialistas. Os primeiros baseiam-se em expressões que traduzem valores morais, boas intenções. Mas o autor afirma que, sem efeitos desejáveis sobre as normas sociais, não há muito sentido em endossar leis que sejam expressivamente motivadas. Para ele, declarações legais que produzem consequências ruins não deveriam ser endossadas, e seria melhor agir de maneira pragmática, avaliando efetivamente o efeito das normas sobre o bem-estar da sociedade.

Essa discussão não tem se limitado aos círculos acadêmicos, chegando mesmo às esferas dos tribunais. Arguelhes e Leal (2009) mostram para o caso brasileiro uma citação do ex-Ministro do Supremo Tribunal Federal, Nelson Jobim, quando este afirmou que, diante de uma norma jurídica com múltiplas interpretações textualmente possíveis, a alternativa decisória a ser seguida deveria ser aquela à qual se vinculassem as melhores consequências para a sociedade.

18.2 Alguns exemplos aplicados

Infelizmente, os exemplos de análise consequencialista em decisões judiciais perdem em número para

---

[1] Nesse sentido, ver: SUNSTEIN, 1996, p. 2021-2053.

os exemplos de decisões *sem* análise consequencialista. Flávia Vera (2012) relata o caso lendário de uma Justiça estadual que autorizou inquilinos idosos a postergarem o pagamento de seus alugueis atrasados. A justificativa era o fato de serem idosos, sem remuneração ativa, dependentes de parcos valores de aposentadoria. Como mostra Vera, após sucessivas decisões nesse sentido, a consequência no mercado de alugueis nesta cidade foi o aumento das exigências de garantias no caso de contratos locatícios para idosos. O bumerangue judicial, apoiado num princípio moral "justo", acabou por gerar um efeito perverso justamente sobre o grupo que mais se quis inicialmente proteger.

Mais um exemplo eloquente é o das decisões de demandas relacionadas à judicialização da saúde. Apenas para tangenciar a questão, Bruno Bodart (2017) relata um caso: no ano de 2009, 16% de todo o orçamento da saúde de Campinas (SP) foi destinado ao cumprimento de 86 (oitenta e seis) ações judiciais, sabendo que a população daquele mesmo município é superior a 1,2 milhão de pessoas. Isso quer dizer que as 86 pessoas representadas pelas ações vitoriosas foram beneficiadas de maneira desproporcional, às custas do restante da população municipal. O Judiciário, baseado na nobre justificativa de garantir o direito à saúde desses 86 cidadãos, na verdade *reduziu* o direito à saúde de todos os demais – que tiveram que se contentar com o restante do orçamento disponível. Certamente que aquele montante de recurso foi sentido pelo restante de toda a população campineira.

18.3 Mais aplicações e conclusões

Pela inconteste importância, a literatura empírica da análise econômica do direito tem almejado, cada vez mais, medir objetivamente as consequências das decisões judiciais. Rezende e Zylbersztajn,[2] por exemplo, discorrem sobre o episódio de um aumento inesperado no preço da soja nos mercados internacionais. Por conta daquele evento, numerosos conflitos judiciais ocorreram motivados por quebras contratuais devido ao distanciamento do preço contratado (mais baixo) com o preço no mercado (mais alto). Para a resolução desses conflitos, os juízes de segunda instância do Tribunal de Justiça do Estado de Goiás, de maneira majoritária (apesar de não unânime), usaram o argumento da função social dos contratos para dar ganho de causa aos produtores de soja que romperam os contratos. E qual foi a consequência? Imediata e de grande impacto, pois as empresas compradoras de soja efetuaram menos contratos de compra nos anos imediatamente seguintes; algumas inclusive extinguiram a modalidade do contrato de venda futura. Ou seja, houve um aumento nas sanções econômicas estipuladas aos produtores de soja no período posterior. Novamente, as decisões judiciais que intencionavam privilegiar os agricultores, acabaram gerando, em pouco tempo, consequências contrárias ao que se desejava e se justificava inicialmente.

O resultado daquele trabalho foi claro: quando o Judiciário não respeita as "regras do jogo", por quaisquer

---

[2] Nesse sentido, ver: REZENDE; ZYLBERSZTAJN, 2011, p. 155-175.

motivos que seja (por exemplo, "função social", ou favorecimento deste ou daquele grupo), as consequências são o aumento dos custos de transação e prejuízos a todas as partes envolvidas, mesmo para aqueles que se intentava "proteger". Assim como Coase, Rezende e Zylbersztajn mostram que o Judiciário gera consequências diretas e concretas nas ações dos agentes privados. A falta de consideração dos efeitos econômicos é uma "miopia" do Judiciário, que acaba por afetar todos os atores sociais.

Concluímos por reafirmar que as decisões judiciais importam e geram fortes consequências na sociedade, a despeito da opinião de alguns magistrados e juristas. Isso quer dizer que elas geram impactos incomensuráveis e, muitas vezes, não previstos: não raro, aqueles indivíduos que a decisão judicial intencionou "proteger" inicialmente podem acabar sendo os mais prejudicados, sem contar com as consequências lesivas para todo o restante da sociedade. É preciso, então, abandonar o discurso moralista, dogmático e baseado somente na boa-fé e em boas intenções. É preciso avaliar essas consequências de maneira objetiva, empírica e, também, sistêmica. Não basta que as decisões judiciais sejam baseadas em princípios nobres; é *mister* que seus efeitos de longo prazo e amplitude sistêmica sejam efetivamente positivos em sua integralidade.

Referências

ARGUELHES, Diego Werneck; LEAL, Fernando. Pragmatismo como [meta] teoria normativa da decisão judicial: caracterização, estratégia e implicações. *In*: SARMENTO, Daniel (Coord.). *Filosofia e teoria constitucional contemporânea*. Rio de Janeiro: Lumen Juris, 2009.

BODART, Bruno. Prometendo mundos sem fundos. *Coluna da ABDE (Associação Brasileira de Direito e Economia), JOTA*, 02 mar. 2017. Disponível em: https://www.jota.info/opiniao-e-analise/colunas/coluna-da-abde/prometendo-mundos-sem-fundos-02032017. Acesso em 11 ago. 2018.

REZENDE, Christiane L.; ZYLBERSZTAJN, Décio. Quebras contratuais e dispersão de sentenças. *Revista Direito GV7*, n. 1, p. 155-175, 2011.

SUNSTEIN, Cass R. On the expressive function of law. *University of Pennsylvania Law Review 144*, n. 5, p. 2021-2053, 1996.

VERA, Flavia. A análise econômica da propriedade. *In*: TIMM, Luciano B. (Org.) *Direito e Economia no Brasil*. São Paulo: Ed. Atlas, 2012.

Informação bibliográfica deste texto, conforme a NBR 6023:2018 da Associação Brasileira de Normas Técnicas (ABNT):

YEUNG, Luciana. Consequencialismo no judiciário. *In*: RIBEIRO, Marcia Carla Pereira; KLEIN, Vinicius (Coord.). *O que é Análise Econômica do Direito*: uma introdução. 3. ed. Belo Horizonte: Fórum, 2022. p. 193-200. ISBN 978-65-5518-359-7.

CAPÍTULO 19

CONTRATOS: UMA ABORDAGEM PELA ÓTICA DA NOVA ECONOMIA INSTITUCIONAL (NEI) (PARCERIA NO PROCESSO DE TERMINAÇÃO DE FRANGOS DE CORTE NO ESTADO DO PARANÁ/BRASIL)[1]

Weimar Freire da Rocha Júnior
Cléverton Michel da Macena
Marcia Carla Pereira Ribeiro
Reinaldo Fiuza Sobrinho
Christian Luiz da Silva

A eficiência Econômica pode ser compreendida pela análise de contratos que, embora sempre imperfeitos, podem gerar ganhos e mitigar perdas. Nesse sentido,

---

[1] Este capítulo é um resumo do trabalho apresentado no encontro promovido pela ABDE, ocorrido em novembro de 2009 na FGV Direito, em São Paulo.

este capítulo irá abordar a análise de dois contratos da avicultura de frango de corte firmados entre empresas abatedoras e criadores rurais em processo de parceria no Estado do Paraná (Brasil).

Um dos contratos avaliados tinha foro na comarca de Toledo e outro em Rolândia, sendo referentes à integração feita entre empresas abatedoras e avicultores, tendo estes últimos a responsabilidade pela terminação – engorda – das aves. A empresa abatedora, que visa à industrialização e comercialização da carne de frango, utiliza o contrato de parceria para fornecer rações, medicamentos, vacinas, auxílio técnico e pintinhos para o produtor rural. Este, dispondo de instalações (aviários, terreno e galpões para guardar os sacos de ração), equipamentos e capacidade de prestar mão de obra, realiza o serviço de terminação (engorda) dos pintos, até a data de transporte para o abatedouro. A partir daí, a empresa responsabiliza-se pelo deslocamento dos frangos até o local de abate.

Os contratos constituem forma híbrida, situada entre os extremos apontados por Coase, quais sejam: a hierarquia (firma) e o mercado. Com características próprias, os contratos surgem como um elemento que busca agregar um maior grau de dinamismo com menores custos de transação. Tomou-se como base o referencial teórico e os fundamentos da Nova Economia Institucional (NEI), que estabelece os atributos básicos das transações (especificidade dos ativos, incerteza e frequência), os quais foram observados no exame.

Um ponto principal que norteia o trabalho é o pressuposto de que os agentes econômicos que transacionam têm certas características comportamentais, o que impacta nos resultados obtidos. Estas características são: o oportunismo forte (o agente econômico que realiza o contrato cumprirá as regras acordadas, mas se aproveitará de lacunas existentes no acordo para obter ganhos econômicos, independentemente de isso resultar em perdas à contraparte); racionalidade limitada, expressão que contraria o pressuposto clássico de que o agente tomará sempre a melhor decisão, dentre um conjunto de escolhas possíveis.

O agente, não tendo racionalidade plena, não será capaz de utilizar totalmente suas capacidades cognitivas pela dificuldade de lidar com informações complexas. Assim sendo, dentre um conjunto de decisões possíveis, ele apenas tomará a que lhe parecer mais satisfatória, mesmo que não seja realmente a decisão ótima. Os contratos diferem em suas características, sendo que um apresenta média incerteza, e o outro, baixa incerteza. Ambos apresentam alta especificidade dos ativos físicos, locacional e dos ativos dedicados; média especificidade temporal e baixa especificidade dos ativos humanos; as transações são frequentes e de longo prazo. Apesar de o processo de parceria apresentar benefícios para ambas as partes, o seu grau depende das características do acordo firmado, tendo as salvaguardas importância capital no estabelecimento de relações em que haja rentabilidade mútua.

A identificação e a análise de tais salvaguardas é, portanto, fundamental para garantir relações contratuais duradouras e flexíveis, estabelecendo assim reputação tanto para a agroindústria quanto para o criador rural. Nos acordos estudados, ambas as partes saem beneficiadas com a adoção de contratos (forma híbrida de governança), pois os criadores têm a venda garantida, sem precisar correr os riscos do mercado, e as empresas podem receber uma produção estável com animais previamente padronizados.

Há casos, porém, em que o produtor rural pode ser prejudicado, quando a demanda do mercado por carne de frango é baixa e a empresa, para evitar ou diminuir os prejuízos, prorroga o prazo de retirada das aves. Com isso, o produtor permanece por mais tempo com o mesmo plantel, tendo maiores custos e menor rentabilidade com a atividade.

Além disso, a análise dos contratos revelou a presença de lacunas em importantes quesitos, como os referentes à faixa de peso a ser atingido por unidade de animal (frango) ao final da terminação e dos direitos de propriedade em casos específicos. Outro aspecto a apontar é que, devido à diminuição do número de produtores rurais ocorrida nos últimos anos, há uma simultânea redução dos custos relacionados ao monitoramento, ao transporte de insumos, à assistência técnica e, por último, mas não menos importante, do oportunismo – os agentes econômicos terão uma alta especificidade dos ativos e dificilmente irão se aproveitar de lacunas para obter ganhos econômicos.

Entretanto, deve-se observar também que a diminuição do número de produtores rurais aproxima o mercado de fornecimento de frangos (do ponto de vista da agroindústria) de um oligopólio, o que altera o poder de barganha dos produtores rurais. Isso pode ser desinteressante para a agroindústria, pois pode ocasionar o problema do refém. Por isso, a empresa tende a manter relações pulverizadas com os avicultores.

Assim sendo, a eficiência dos contratos relaciona-se com uma série de variáveis que nela influem diretamente: a questão dos direitos de propriedade, que origina as salvaguardas contratuais; o poder de mercado da agroindústria e dos produtores rurais; o comportamento dos agentes em relação à incerteza; e a importância dos ativos para a transação. Nos contratos estudados, verificou-se que não havia a existência de plena eficiência, uma vez que as lacunas contratuais – talvez oriundas da preocupação reduzida dos agentes em relação à incerteza – poderiam originar querelas que poriam em dúvida certos direitos de propriedade – elevando com isso, os custos de transação. Recomendou-se, portanto, a reavaliação de tais acordos para inclusão das cláusulas faltosas, de modo a dirimir incertezas futuras e, consequentemente, os custos de transação.

Referências

AKERLOF, G. A. The market for "lemons": quality uncertainty and the market mechanism. *Quartely Journal of Economics*, Cambridge, v. 84, n. 3, p. 488-500, aug. 1970.

NORTH, D. *Custos de transação, instituições e desempenho econômico*. Rio de Janeiro: Instituto Liberal, 1994.

RIBEIRO, M. C. P.; GALESKI JR., I. *Teoria geral dos contratos*: contratos empresariais e análise econômica. São Paulo: Campus Jurídico, 2009.

ROCHA JR, W. F. da. A nova economia institucional revisitada. *Revista de Economia e Administração*, São Paulo. v. 3, n. 4 out./dez. 2004.

WILLIAMSON, O. *The mechanism of governance*. New York: Oxford University Press, 1996.

ZYLBERSZTAJN, D. *Papel dos contratos na coordenação agroindustrial*: um olhar além dos mercados. *In*: CONGRESSO BRASILEIRO DE ECONOMIA E SOCIOLOGIA RURAL, 43., Ribeirão Preto, 2005. Aula magna de abertura.

Informação bibliográfica deste texto, conforme a NBR 6023:2018 da Associação Brasileira de Normas Técnicas (ABNT):

ROCHA JÚNIOR, Weimar Freire da *et al*. Contratos: uma abordagem pela ótica da Nova Economia Institucional (NEI): parceria no processo de terminação de frangos de corte no Estado do Paraná/Brasil. *In*: RIBEIRO, Marcia Carla Pereira; KLEIN, Vinicius (Coord.). *O que é Análise Econômica do Direito*: uma introdução. 3. ed. Belo Horizonte: Fórum, 2022. p. 201-206. ISBN 978-65-5518-359-7.

CAPÍTULO 20

EXTERNALIDADES

Vinícius Klein

20.1 Introdução

A noção de que existem efeitos importantes das decisões econômicas que não são levados em conta de forma socialmente adequada pelo sistema de mercado – seja no seu modelo teórico ou nos sistemas capitalistas reais – pode ser observada de diversas formas na literatura econômica, ao menos desde a Economia Clássica, seja na noção de economias e deseconomias externas já presente em Alfred Marshal, na primeira edição do seu *Principles of Economics*, publicado em de 1890, até definições mais presentes em debates recentes como efeitos de transbordamento (*spillover effects*). Afinal, a premissa teórica de que o sistema de mercado iguala sempre e de forma invariável o ótimo social e individual pode ser questionada por meio da classificação de algumas consequências das decisões econômicas como externas a determinado mercado.

O conceito de externalidades tem uma longa história na teoria econômica, e como um conceito residual, é ou pode ser visto como bastante genérico, já que costuma significar algo que não está incluído no mercado, como os efeitos não precificados no processo produtivo na concepção marshalliana. Nesta concepção, o conceito de externalidade é dependente e afetado pelo conceito de mercado. Ainda, a expressão internalização significa a inclusão no mercado, daquele fator antes externo, o que em tese poderia levar à extinção das externalidades. Na próxima seção será apresentada uma história resumida da evolução e das diferentes formas de conceituação de externalidades, bem como do debate acerca dos remédios preconizados para a sua internalização, que estão no coração da abordagem de Direito e Economia. Já na última seção do presente capítulo, o debate será conectado à adoção de padrões ESG (*Environmental, Social and Governance*) na governança corporativa.

20.2 Definição e perspectiva histórica

Em 1890, o matemático Alfred Marshall já defendia em sua obra *Principles of Economics*, que determinadas ações econômicas poderiam gerar efeitos involuntários que podem prejudicar ou melhorar a situação de terceiros.

Mas foi em 1920, com Arthur Cecil Pigou, aluno e sucessor de Marshall, no seu *The Economics of Welfare*, que a ideia moderna de externalidades começou a tomar forma. Isso porque Pigou notou o desequilíbrio econômico que surge como reflexo das escolhas particulares sobre terceiros, fazendo com que houvesse um descompasso entre a maximização do bem-estar social e da utilidade individual.

É possível destacar, ainda, um conceito bastante amplo de externalidades, a partir da lição de Francis M. Bartor, que, em seu artigo *The Anatomy of Market Failure*, publicado em 1958, entendeu tratar-se de uma falha de mercado genérica. Portanto, até a década de 1960, a discussão do conceito de externalidades teve como foco principal a sua compatibilidade com o modelo teórico da Economia do Bem-Estar Social e os seus impactos na eficiência do sistema de mercado, bem como uma relação direta com a noção de processo produtivo. Um dos pontos pelos quais ficaria marcado o tratamento de externalidades desenvolvido por Pigou, que é um dos remédios para se lidar com ela, não era um ponto central à época. Assim, a proposta da criação da Taxa Pigouviana – uma forma de lidar com externalidades negativas, tais como a poluição –, que consiste na criação, pelo ente público, de um imposto ou taxa no valor da externalidade, de modo que ela seja incluída no processo produtivo e os custos marginal social e marginal privado sejam idênticos, não foi objeto de amplos debates. Apesar do foco ser as externalidades negativas, pode-se afirmar que o subsídio pigouviano seria também aplicável a externalidades positivas. A definição exata do valor da Taxa Pigouviana é bastante complexa e demandaria dados em princípio pouco acessíveis ao formulador de política pública, o que torna a referida taxa uma solução mais complexa do que se poderia pensar em uma primeira análise.

Uma segunda fase do conceito de externalidades na teoria econômica viria com uma abordagem dos remédios para lidar com as externalidades. Tal abordagem foi desenvolvida por Ronald H. Coase, em seus artigos seminais *The Federal Communications Comission*, publicado em 1959, e *The Problem of social Cost*, publicado em 1960. Esses trabalhos se tornaram marcos fundamentais para a criação do movimento de Direito e Economia e inspiraram a criação do Teorema de Coase, que é apresentado em capítulo próprio nesta obra e, por essa razão, não será aqui aprofundado. Mas, neste período, como um conceito mais preciso de externalidades – mesmo que fora do contexto dos custos de transação – pode-se indicar o que foi desenvolvido formalmente por Kenneth J. Arrow, em 1969, no âmbito da teoria do equilíbrio geral, mas que pode ser enunciado como um *efeito não precificado que impacta a função de utilidade ou de produção de um agente*.

Em relação à construção de Ronald H. Coase e o Teorema de Coase, destacaram-se a proposta de remediar as externalidades por meio de barganhas entre o produtor da externalidade e o afetado por ela, o que só não ocorreria em situações de custos elevados de transação. Assim, na esteira do Teorema de Coase, caberia ao Estado apenas internalizar as externalidades, através da Taxa Pigouviana, quando não fosse possível a redução dos custos de transação, para viabilizar a barganha privada.

Uma outra solução, na linha do trabalho de Arrow, seria a criação de mercados artificiais para substituir o mercado faltante (*missing market*). Portanto, no caso de uma externalidade negativa, tal como a poluição, as seguintes opções seriam possíveis: criação de uma Taxa Pigouviana que fosse capaz de igualar os impactos individuais e sociais, por exemplo, impostos adicionais em atividades mais poluidoras; redução de custos de transação para que os afetados pela poluição negociem diretamente com os poluidores, por exemplo, por meio da divulgação pelo Estado de dados de regiões afetadas pela poluição, o que reduziria os custos de transação para obtenção da informação; criação de um mercado artificial, como, por exemplo, o caso do mercado de carbono.

Percebe-se, então, que os indivíduos, nessa segunda fase do conceito de externalidades, passariam a considerar os possíveis efeitos externos para qualquer decisão econômica, de modo a aumentar a função de utilidade em suas interações.

Assim, o debate das externalidades pode ser visto como em uma expressão do avanço do papel do mercado e da abordagem econômica na vida social, o que aconteceu de forma similar no movimento de Direito e Economia, a partir da Escola de Chicago. Ademais, a questão de quais impactos são considerados externalidades e quais são irrelevantes para a teoria econômica é um debate normativo, que demanda uma abordagem interdisciplinar ao menos de Direito e Economia. Afinal, a premissa de que todos os impactos possíveis da decisão de um agente econômico na função utilidade dos demais são externalidades geraria uma ampla necessidade de internalização desses efeitos, o que pode ser problemático.

Quanto à escolha entre a Taxa Pigouviana em externalidades ambientais, por exemplo, a facilitação da barganha na esteira do Teorema Coase ou mesmo a criação de mercados artificiais de forma a solucionar mercados faltantes (*missing markets*), tal como desenvolvido por Arrow, ela é contingente em cada mercado e para cada externalidade. A escolha por determinada estratégia não deve significar a internalização ótima de todas as externalidades, seja em função da impossibilidade de barganha em diversos mercados, seja em função da dificuldade de criação de Taxas Pigouvianas eficientes ou mesmo pela dificuldade de design de mercados artificiais.

20.3 Aplicações

Apesar da aplicação mais comum do conceito de externalidades se dar no âmbito da questão ambiental, também é possível utilizar tal conceito para tratar de diversas celeumas de política pública. As externalidades positivas ligadas ao processo de inovação são mais tratadas sobre a ótica das externalidades a partir de 1931, com o artigo de Jacob Viner intitulado *"Cost curves and supply curves"*, e com a construção de um aparato conceitual próprio pela literatura especializada.

Trataremos aqui de uma questão atual que é a dos princípios de ESG na governança corporativa. Apesar do controlador da Sociedade Anônima ter o dever de exercer o controle de forma que a companhia respeite a sua função social, nos termos do próprio artigo 116 da Lei das Sociedades Anônimas (Lei n° 6404/1976), não se pode relacionar a saliência do termo ESG no espaço público atual à norma jurídica em questão. Foi, na realidade, no contexto da governança corporativa, ou seja, da autorregulação do mercado de capitais, somada às normas sociais e à pressão dos consumidores, que a abordagem ESG ganhou força.

Ora, no contexto do exercício do controle, adota-se a posição majoritária na visão neoclássica da firma como uma maximizadora de lucro, de modo que as preocupações de sustentabilidade ambiental e social seriam uma externalidade. Por outro lado, caso seja adotada a premissa de que a firma responde não apenas aos seus acionistas (*stockholders*), mas a todos os afetados por ela (*stakeholders*), poderia se afirmar que a internalização da externalidade se dá pela sua inclusão na função utilidade dos gestores. Entretanto, é bastante complexo imaginar que seria possível essa internalização voluntária.

Desta forma, ainda restaria a opção de imposição legal de Taxas Pigouvianas para as companhias adotarem princípios de ESG, caso fosse feita a escolha normativa de que os impactos da decisão dos gestores em todos os *stakeholders* seria uma externalidade e não um efeito a ser desconsiderado. Aqui pode-se ilustrar o argumento apresentado, já que os impactos das decisões das firmas nas relações de gênero, por exemplo, existem antes do movimento ESG. O que é recente é a necessidade da sua internalização, decorrente de uma escolha normativa e não da mera classificação como externalidade. Quanto aos remédios, a solução mais adequada pode depender de diversos fatores, tais como o mercado em que a companhia está inserida e o interesse ESG em voga: questões ambientais e de gênero, por exemplo, podem demandar soluções diversas.

20.4 Conclusão

O conceito de externalidade como um conceito residual e oposto ao de mercado é bastante relevante para uma abordagem de Direito e Economia e para uma análise econômica de políticas públicas. Afinal, os impactos dos processos econômicos são diversos, sejam externos ao processo de decisão individual ou ao processo produtivo das firmas.

Assim, a escolha de quais fatores externos, funções utilidade ou de produção, devem ser internalizados e qual seria a forma mais adequada para essa internalização é uma escolha de política pública que deve ser orientada pelo olhar de Direito e Economia. No caso da introdução de padrões de ESG na governança corporativa, tem-se uma escolha normativa de categorização como externalidades e o consequente debate sobre a sua internalização.

Esta internalização poderia se dar pela imposição da Taxa Pigouviana, o que demandaria a imposição estatal dos princípios ESG, o que não é condizente com a forma da construção do movimento até o momento. Já a criação de fóruns de negociação coletiva, ou seja, locais de barganha, ou mesmo de mercados artificiais, poderia acontecer no âmbito da autorregulação que tem guiado a discussão nos dias atuais.

Referências

ARROW, Kenneth J. The organization of economic activity: issues pertinent to the choice of market versus nonmarket allocation. *In*: The analysis and evaluation of public expenditures: The PPB System. *Congress of the United States*, v. 1, p. 59-73. 1969.

BATOR, Francis M. The anatomy of market failure. *Quarterly Journal of Economics*, n. 71, v. 3, p. 351-79, 1958.

BERTA, Nathalie. On the definition of externality as a missing market. *European Journal of the History of Economic Thought*, n. 24, v. 2, p. 287-318, 2017.

COASE, Ronald. The Federal Communications Commission. *Journal of Law and Economics*, n. 2, v. 1, p. 1-44, 1959.

MARSHALL, Alfred. *Principles of Economics*. London: Macmillan, 1890.

MEDEMA, Steven G., *'Exceptional and Unimportant'? The Rise, Fall, and Rebirth of Externalities in Economic Analysis*. 6 sep. 2017. Available at SSRN: https://ssrn.com/abstract=3057411 or http://dx.doi.org/10.2139/ssrn.3057411. Acesso em: 14 set. 2017.

SCITOVSKY, Tibor. Two concepts of external economies. *Journal of Political Economy*, n. 62, p. 143-151, apr. 1954.

VINER, Jacob. Cost curves and supply curves. *Zeitschrift f€ur Natinal€okonomie*, n. 3, p. 23-46. Reprint in: STIGLER, G. and BOULDING, K., Eds, Reading in price theory, American Economic Association Readings. Chicago: Irwin, 1931.

Trabalhos Centrais

COASE, Ronald. The problem of social cost. *Journal of Law and Economics*, n. 3, p. 1-44, oct. 1960.

PAPANDREOU, Andreas A. Externality and institutions. *Oxford University Press*, New-York, 1994.

PIGOU, Cecil. The Economics of Welfare. 4. ed. Macmillan, London: Palgrave MacMillan, [1920], 1932.

Informação bibliográfica deste texto, conforme a NBR 6023:2018 da Associação Brasileira de Normas Técnicas (ABNT):

KLEIN, Vinícius. Externalidades. *In*: RIBEIRO, Marcia Carla Pereira; KLEIN, Vinicius (Coord.). *O que é Análise Econômica do Direito*: uma introdução. 3. ed. Belo Horizonte: Fórum, 2022. p. 207-215. ISBN 978-65-5518-359-7.

CAPÍTULO 21

REGULAÇÃO RESPONSIVA

Kharen Kelm Herbst

A teoria da regulação responsiva, desenvolvida no início da década de 1990 por John Braithwaite e Ian Ayres, surgiu com o propósito de superar a rigidez do modelo comando-controle e o extremo da desregulação, buscando conciliar forças de Estado e mercado para vigiar as fraquezas, um do outro, por meio da criatividade regulatória.

Parte-se do entendimento de que, na busca por uma regulação eficiente para um determinado mercado ou setor, é imprescindível o debate sobre a racionalidade dos agentes econômicos que dele participam.

É preciso analisar como os agentes econômicos respondem a estruturas de incentivos diversas, influenciando as suas tomadas de decisões e ditando a dinâmica das relações que estabelecem entre si. Se a estrutura de incentivos ou as intervenções regulatórias não forem adequadas, o desenvolvimento do setor regulado é prejudicado.

Trata-se de repensar não apenas o grau de interferência estatal, mas também a forma de interferir. A regulação responsiva se distingue de outras estratégias de regulação ou governança em relação ao que desencadeia uma resposta regulatória e em qual será a resposta regulatória.

Para isso, os mecanismos de regulação responsiva incluem: (i) o *tit for tat* por meio da pirâmide de *enforcement*; (ii) a participação da sociedade civil e a proteção do interesse público por meio do tripartismo; e (iii) a adaptabilidade por meio da autorregulação imposta.

Tit for Tat (TFT) – ou, "olho por olho" – é uma das estratégias sugeridas no modelo regulatório responsivo, equilibrando punição e persuasão. Há uma pirâmide de *enforcement*, composta por camadas de recompensas e de punições, que variam em espécie e intensidade. Dessa forma, a regulação responsiva torna-se um processo mais flexível, adaptável à conduta do agente em cada circunstância. A estratégia TFT depende da gama hierárquica de sanções e intervencionismo (pirâmide de *enforcement*), e da altura ou, quantidade de níveis em que a pirâmide é escalável até a sanção mais severa.

Cada uma das duas partes faz um movimento, que é seguido imediatamente pelo movimento de resposta da outra parte. Descumprimentos geram uma escalada nas sanções, e a cooperação e conformidade geram uma escalada de recompensas.

Quanto mais alta a pirâmide, ou seja, quanto mais níveis tiver para o escalonamento, mais persuasiva será para que os agentes se mantenham ou retornem às condutas mais desejáveis.

Para o regulador, o custo da punição é mais alto do que o da persuasão. Portanto, se a persuasão for tentada primeiro e funcionar, sobrarão mais recursos para expandir a cobertura regulatória. Adotar a punição como estratégia de primeira escolha é oneroso e contraproducente em relação aos agentes que estão dispostos a cooperar.

A pirâmide, com suas camadas e espécies de recompensas e punições, deve ser sempre adaptada ao contexto em que estiver inserida, considerando as características do setor regulado. Para estimular a conformidade, é essencial que os regulados saibam que a pirâmide existe e que o regulador está sempre pronto para efetivamente disparar a escalada (*benign big gun*), além de que os regulados tenham participado ativamente do desenho da pirâmide à qual estarão submetidos.

Outro aspecto da regulação responsiva é chamado de tripartismo. Trata-se de um mecanismo em que a participação ativa da sociedade civil organizada permite a fiscalização do interesse público na atividade regulatória e na interação entre regulador e regulado, bem como viabiliza a criação de regras cujo efeito total (social e privado) seja positivo, por meio do diálogo e monitoramento. Soma-se Estado forte, mercados fortes e sociedade civil forte, de modo que a força de cada um permita conhecer e controlar as capacidades e fragilidades do outro. São três instituições fiscalizando umas às outras e contrabalançando o exercício do poder umas das outras, como freios e contrapesos, resultando em múltipla legitimação.

Considera-se que a capacidade e efetividade do regulador não é limitada apenas pela sua estrutura e pelos recursos que tem disponíveis. Pode estar limitada também pelo seu grau de discricionariedade, que nem sempre é exercido em prol do interesse público. Isso pode resultar de corrupção, captura ou pode ser decorrente da própria racionalidade limitada dos reguladores, que é consequência, principalmente, da assimetria informacional. Para mitigar este problema, o tripartismo é fundamental.

A autorregulação imposta, por sua vez, é um mecanismo pensado para que agentes econômicos não sejam prejudicados por regras generalistas, podendo adaptá-las ao seu conhecimento aprofundado acerca da dinâmica do mercado em que se inserem e pela constante busca pela economia de recursos – o que faz com que sejam autorreguladoras eficientes. A imposição se dá em dois sentidos: o agente é obrigado pelo Estado a desenvolver a autorregulação e as regras criadas devem ser aprovadas pelo regulador e ser passíveis de serem executadas administrativa e/ou judicialmente.

O regulador estabelece os princípios e padrões mínimos para que os regulados preencham as lacunas com regras mais específicas para si próprias.

Quando a autorregulação funciona, é a abordagem menos onerosa, pois os agentes econômicos têm maior capacidade de encontrar os meios para alcançar os objetivos da regulação pelo menor custo para a sua eficiência produtiva. Regular e monitorar são atividades custosas, e se tais custos não forem incluídos no preço de seus produtos, o preço não refletirá totalmente o custo social de produzi-los e a demanda pelos produtos excederá aquela que otimizaria a utilidade social.

Se os agentes econômicos explorarem o privilégio da autorregulação como uma forma de manter a sua conduta abaixo do benefício social esperado, o regulador deve escalar a pirâmide de intervencionismo, reduzindo a sua autonomia.

Esse mecanismo pode propiciar um aumento da legitimidade da regulação e resultar em um aumento da aceitação e conformidade com as regras, por terem sido autodefinidas e autoimpostas.

A variedade de mecanismos aplicáveis faz com que o modelo responsivo de regulação seja presumidamente mais eficiente por ser moldável ao contexto. O desafio da responsividade é a eficiência adaptativa do regulador, que deve ser capaz de absorver novos problemas, novas forças do ambiente, novas demandas e expectativas, simultaneamente moldando e sendo moldado pelas suas interações com os agentes econômicos e pela análise das reações e resultados que uma determinada norma desencadeia no mercado.

Os nove princípios de responsividade que devem ser seguidos pelos reguladores podem ser resumidos da seguinte forma: (i) pensar no contexto, pois responsividade é flexibilidade; (ii) estruturar diálogos para construir comprometimento e entender motivações; (iii) encarar a resistência ao *compliance* como sinal de que algo pode estar errado com o desenho regulatório e priorizar ajustes nos incentivos e capacitação dos regulados previamente a sanções; (iv) recompensar comprometimento apoiando inovações e melhorias contínuas, para que sejam atingidos novos patamares de excelência; (v) sinalizar a preferência por alcançar resultados e progresso por meio de apoio à capacitação; (vi) sinalizar que há uma pirâmide de sanções escalável até a mais rigorosa; (vii) criar governança em rede; (viii) induzir a responsabilidade ativa dos agentes econômicos para que adotem uma conduta mais acertada no futuro, ou, residualmente, optar pela responsabilidade passiva, com sanções pela conduta passada; (ix) aprender e avaliar os resultados que foram alcançados e a que custo, para definir novos problemas regulatórios e soluções.

A aplicação de mecanismos de regulação responsiva vem sendo estimulada no âmbito de boas práticas regulatórias. Para além dos mecanismos apresentados pelos teóricos idealizadores da regulação responsiva em sua obra inaugural, novas formas de responsividade vêm sendo criadas e aplicadas, a exemplo da análise de impacto regulatório seguida de análise de resultado regulatório, *sandbox* regulatório, metodologias de jurimetria, entre outras; indicando que é necessário acompanhar os movimentos de inovação e evolução dos mercados, ao invés de estabelecer regras fixas no modelo comando-controle.

A responsividade tem grande potencial de redução de custos de transação e aumento da eficiência nos mercados e setores regulados.

Conclui-se que, para que a regulação seja eficiente, é preciso conhecer e aceitar a dinâmica de mercado e aprimorá-la, ao invés de tentar modificá-la impondo condições que vão na contramão de sua natureza. Quando se aceita que há múltiplas limitações e motivações que orientam os agentes econômicos, torna-se possível delinear uma regulação com múltiplos incentivos e sanções que vão ao encontro da sua racionalidade.

Referências

AYRES, Ian; BRAITHWAITE, John. *Responsive regulation*: transcending the deregulation debate. New York: Oxford University Press, 1992.

BALDWIN, Robert; BLACK, Julia. Really Responsive Regulation. *Modern Law Review*, n. 71, v. 1, p. 59-94, 2008.

BRAITHWAITE, John. Responsive Regulation and Developing Economies. *World Development*, v. 34, n. 5, p. 884-898, 2006.

BRAITHWAITE, John. The essence of responsive regulation. Hein Online. *University of British Columbia Law Review*, v. 44, n. 3, 2011.

KOLIEB, Jonathan. When to punish, when to persuade, when to reward: strengthening responsive regulation with regulatory Diamond. *Monash University Law Review*, n. 41, v. 1, p. 136-162, 2015.

Informação bibliográfica deste texto, conforme a NBR 6023:2018 da Associação Brasileira de Normas Técnicas (ABNT):

HERBST, Kharen Kelm. Regulação responsiva. *In*: RIBEIRO, Marcia Carla Pereira; KLEIN, Vinicius (Coord.). *O que é Análise Econômica do Direito*: uma introdução. 3. ed. Belo Horizonte: Fórum, 2022. p. 217-223. ISBN 978-65-5518-359-7.

CAPÍTULO 22

CUSTOS DE TRANSAÇÃO E DECISÃO JUDICIAL: UMA ANÁLISE DE CASO

Genevieve Paim Paganella

Ronald H. Coase (1910-2013) sugere a necessidade de introduzir, explicitamente, na análise econômica, os custos de transação – que podem ser compreendidos como os custos de busca e informação, os custos de barganha e decisão e os custos de monitoramento e cumprimento. No clássico artigo *Natureza da Firma* (1937), o autor introduz os mencionados custos para nutrir o estudo da firma e da organização do mercado. Dentro desse contexto, ressalta que a existência desses custos impulsiona aqueles que desejam realizar trocas a se envolverem em práticas que ocasionam uma redução dos custos de transação sempre que a perda sofrida de outras maneiras pela adoção de tais práticas seja menor do que os custos de transação economizados.

No artigo *O Problema do Custo Social* (1960), Coase desafia a concepção econômica tradicionalmente defendida, mormente a adotada pelos seguidores de Arthur C. Pigou (1877-1959 – *The economics of welfare* – 1912).

Segundo Coase, as regras jurídicas e governamentais não afetam a eficiência na alocação das externalidades, pois as partes irão sempre negociar soluções ótimas economicamente, isso considerando que não haja custos de transação e que os direitos estejam claramente definidos.

Coase ressalta a existência de um problema de natureza recíproca e que a solução está em evitar o prejuízo mais grave. Discorre que se é para discutir o problema em termos de nexo de causalidade, ambas as partes são responsáveis pelos danos e, assim, se se deseja uma alocação ótima de recursos, ambas devem levar em consideração o efeito nocivo ao decidirem que atos realizam. Destaca que os juízes têm que decidir a respeito da responsabilidade jurídica, mas isso não deve confundir os economistas quanto à natureza do problema econômico em questão. O pensamento de Coase influencia de forma importante o Direito, ainda que o economista não tivesse tal pretensão, abrindo as portas para novas possibilidades de pensá-lo, especialmente no campo da responsabilidade civil.

Tal como os economistas acostumados a Pigou, na doutrina civilista brasileira, tradicional é a visão da responsabilidade do causador da lesão, embora hoje já exista legal menção aos custos de transação (Lei da Liberdade Econômica – Lei nº 13.874/2019, artigo 4º, V) e previsão do consequencialismo como princípio a ser contemplado pelas autoridades administrativas, pelo Poder Judiciário e pela controladoria (Lei nº 13.655/2018). Em sua teoria, Coase, apesar de tomar por base os custos, na parte em que desenvolve o pensamento sobre a reciprocidade do problema, traz uma quebra de paradigma que vai além da questão econômica e para além do pensamento dominante sobre a responsabilidade e as relações.

O referido autor ressalta que o problema enfrentado ao se lidar com atos que tenham efeitos nocivos não é simplesmente coibir os responsáveis. Compreende que o que precisa ser decidido é se o ganho obtido em impedir o dano é maior do que a perda que seria sofrida em outra parte como resultado da interrupção do ato que produziu o dano.

A reciprocidade do problema colocada pelo autor é questão importante para uma nova visão da responsabilidade civil. Hugo A. Acciarri (2014), nesse passo, comenta que a contribuição de Coase foi o ponto de partida para análises mais refinadas sobre o efeito que as diferentes regras de responsabilidade têm sobre o comportamento humano em relação ao objetivo de eficiência econômica.

Por coadunar-se com a visão anteriormente descrita, muito embora não cite como fundamento a visão de Coase, registra-se a existência de interessante decisão judicial do Tribunal de Justiça do Estado do Rio Grande do Sul. Nas milhares de lides ajuizadas naquele Tribunal, os custos têm sido considerados para a sua solução. A decisão firmada é instigante, eis que considera a possibilidade de o autor da demanda arcar com o custo de minimizar seus prejuízos, oferecendo uma reflexão sobre o custo social que o deferimento da pretensão causa a toda a comunidade. A decisão avalia aspectos que ultrapassam as abordagens mais tradicionais.

O Acórdão de nº 70079236873 da Nona Câmara Cível do Tribunal de Justiça do Rio Grande do Sul, de relatoria do Desembargador Eugênio Facchini Neto, datado de 14 de novembro de 2018, é um dentre vários julgados daquela Câmara que traz interessante solução jurisprudencial para os casos em que a concessionária de energia elétrica do Estado do Rio Grande do Sul é acionada individualmente por fumicultores para indenizar prejuízos decorrentes das quedas de energia. Essas quedas ocorrem principalmente nas estações mais quentes e coincidem com a fase mais delicada da produção de fumo e com as tempestades que ocasionam a suspensão de energia.

O acórdão narra com clareza o estudo preliminar realizado, para análise da situação, por um núcleo de estudos do Tribunal de Justiça do Rio Grande do Sul, em função dos inúmeros casos judiciais a ele submetidos. O relator destaca que anteriormente tinha entendimento favorável aos fumicultores, no sentido da responsabilização da concessionária pelas falhas de energia que afetavam a sua atividade, porém, por não estar totalmente convencido da integral justiça daquela conclusão, provocou o Centro de Estudos do Tribunal mediante a organização de um painel sobre o tema em 4 de dezembro de 2015.

Por meio desse estudo, chegou-se à conclusão de que as perdas de produção do fumo, decorrentes da interrupção do fornecimento de energia elétrica durante o processo de secagem, eram inevitáveis e previsíveis anualmente. Além disso, concluiu-se que a aquisição de geradores de energia (*nobreaks*), que poderiam ser ativados em caso de interrupção da luz, era de valor menor que o prejuízo que decorria desta, de modo que econômica e juridicamente era razoável exigir dos fumicultores a adoção de providências para evitar os danos.

Como fundamentos para tal exigência, invoca-se na decisão a doutrina do *duty to mitigate the loss*, que tal como alertado no acórdão, coaduna-se como uma das aplicações do princípio da boa-fé objetiva. Também se considera, sob a ótica da Análise Econômica do Direito, a doutrina do *cheapest cost avoider*, da Fórmula de Hand, do encargo de evitar o próprio dano e da justiça distributiva.

Constatou-se, no estudo realizado anteriormente à decisão, que os custos para instalação de um gerador de energia não são elevados, girando em torno de R$6.000,00 (seis mil reais), ficando abaixo de boa parte das pretensões indenizatórias ajuizadas cujos valores individuais muitas vezes, como dito no acórdão, superavam R$10.000,00 (dez mil reais), chegando, algumas vezes, a R$30.000,00 (trinta mil reais).

Quanto ao encargo de evitar o próprio dano, a decisão judicial se debruça sobre os artigos 402, 403 e 945 do Código Civil Brasileiro (2002) e sobre doutrina, destacando que, se a parte não adequar sua conduta de modo a evitar o próprio dano ou o seu agravamento, pode perder o direito à indenização pelo dano que poderia ter evitado.

A decisão ainda pondera o fato de que o repasse dos custos dos danos do fumicultor individual para a concessionária de energia elétrica acaba repercutindo sobre toda a sociedade, já que no regime capitalista custos ou prejuízos são transformados em preço ou tarifa. Destaca que mais cedo ou mais tarde o valor das indenizações redundaria em aumento da tarifa a ser paga por toda a sociedade. O acórdão ressalta que o posicionamento assumido procura proteger os interesses da generalidade dos consumidores, ao mesmo tempo em que procura demonstrar que, do ponto de vista da racionalidade econômica, é mais vantajoso para os próprios fumicultores evitarem os danos do que posteriormente demandarem judicialmente a reparação.

Da análise das teorias e das informações quanto ao custo da prevenção e das indenizações e, ainda, do fato de que em algum momento é inevitável a suspensão da energia elétrica, conclui o acórdão que havendo interrupção do fornecimento de energia elétrica por tempo inferior a vinte e quatro horas ininterruptas, os prejuízos sofridos pelo fumicultor devem ser suportados por ele em 2/3 (dois terços), imputando à concessionária de energia elétrica o restante, 1/3 (um terço). Nas hipóteses em que a interrupção for por período superior a vinte e quatro horas, a responsabilidade é integralmente da concessionária (ressalvadas as hipóteses de força maior e a orientação jurisprudencial da Câmara), por concluir que nesta hipótese não se afigura possível exigir que os fumicultores estejam preparados para grandes interrupções.

O acórdão ainda registra que o estudo preliminar apresentava uma outra forma de redução do problema: o cabeamento subterrâneo. Porém, em razão do custo elevado de tal investimento, o que faria com que a tarifa fosse multiplicada por cinco a dez vezes a atual até que houvesse a amortização do investimento, a ideia foi descartada.

Em síntese, a decisão judicial foi embasada, para além dos argumentos jurídicos e legais, no estudo de custos para a solução da questão trazida em litígio, o que está plenamente compatibilizado com algumas das premissas da Análise Econômica do Direito. Pautado na solução trazida, que serve de base para aplicação para os outros diversos casos semelhantes judicializados, vê-se que embora a decisão não se refira à Teoria de Coase, apresenta linha de análise que sopesa as escolhas e decisões frente aos custos sociais.

Neste passo, reflete-se a respeito da Análise Econômica do Direito como fundamento de decisões judiciais brasileiras, não como a única ou a mais perfeita forma de dirimir litígios, mas como uma proposta de enfrentamento frente às bases do ordenamento jurídico brasileiro e mediante a identificação das consequências daquelas.

Coase, um dos fundadores do *Law and Economics*, preconiza que, independentemente de quem seja a responsabilidade, deve-se garantir que a solução seja a que acarrete o menor prejuízo. A solução, no caso estudado, é o *nobreak* e não o cabeamento subterrâneo. Não há dúvida de que a resolução é inteligentemente posta e reside no caráter prático da solução dos casos: independentemente de quem seja o responsável (inclusive, podem ser ambas as partes), deve-se ter o foco no menor custo para todos, levando-se em consideração o efeito potencial total da decisão.

Referências

ACCIARRI, Hugo A. *Elementos da Análise Econômica do Direito de Danos*. Coordenação da edição brasileira Marcia Carla Pereira Ribeiro. São Paulo: Revista dos Tribunais, 2014.

COASE, Ronald Harry. *A firma, o mercado e o Direito*. (Trad. Heloisa Gonçalves Barbosa). 2. ed. Rio de Janeiro: Forense Universitária, 2017. (Coleção Paulo Bonavides).

RIBEIRO, Márcia Carla Pereira; PAGANELLA, G. P. Fundamentos econômicos em decisão judicial no sistema brasileiro, repartição e mitigação dos danos, reciprocidade do problema: estudo de caso. *Revista Eletrônica CNJ*, v. 3, p. 76-81, 2019.

Informação bibliográfica deste texto, conforme a NBR 6023:2018 da Associação Brasileira de Normas Técnicas (ABNT):

PAGANELLA, Genevieve Paim. Custos de transação e decisão judicial: uma análise de caso. *In*: RIBEIRO, Marcia Carla Pereira; KLEIN, Vinicius (Coord.). *O que é Análise Econômica do Direito*: uma introdução. 3. ed. Belo Horizonte: Fórum, 2022. p. 225-232. ISBN 978-65-5518-359-7.

CAPÍTULO 23

DIP FINANCING

João Paulo Atilio Godri
Pedro Ivo Lins Moreira

Especialistas de todo o mundo e organizações internacionais reconhecem a importância de garantir dinheiro novo para que devedores com crise de caixa e liquidez consigam preservar seus negócios e manter a atividade em marcha durante o processo de insolvência.

Não raro a fonte desse dinheiro novo provém de financiamentos operados no curso do processo de insolvência. A mais famosa dessas modalidades é conhecida como "debtor in possession financing" (*dip financing*), instituído no §364(e) do Title 11 do U.S. Code, por meio do qual o devedor em processo de reorganização continua à frente do negócio e com poderes para obter financiamento para auxiliá-lo na superação da crise.

Partindo do pressuposto de que os custos de transação determinam o processo de troca entre agentes econômicos, tem-se que arranjos normativos podem implicar a sua redução e, por consequência, viabilizar operações que antes eram inviáveis em decorrência dos custos proibitivos. Essa é uma das linhas de pensamento que permeia a Nova Economia Institucional, sendo possível confirmar tal percepção pela análise da racionalidade econômica envolvida nas operações de *dip financing*.

O fato de o contrato ser celebrado num ambiente institucional transparente e ser monitorado por diversos agentes (Ministério Público, Administrador Judicial e credores) auxilia na diminuição da assimetria informacional (custos de pesquisa e de monitoramento).

Por outro lado, no *dip financing*, o financiador conta com a outorga legal de uma superpreferência, para garantir que, em caso de falência, seja um dos primeiros a receber, o que pode viabilizar a operação e é fator de mitigação de custos de execução, o que importa, consequentemente, em redução de custos de transação.

À luz dessa compreensão, o legislador brasileiro buscou aprimorar as normas de "financiamento do devedor e do grupo devedor durante a recuperação judicial". É o que se depreende pela introdução no capítulo da recuperação judicial da seção IV-A, que disciplina a matéria nos artigos 69-A a 69-F.

O foco da presente abordagem é examinar os dilemas do *dip financing* sob as lentes da Análise Econômica do Direito, especialmente em razão da escassez de recursos, dos custos de transação, dos desafios cooperativos, dos comportamentos estratégicos, da racionalidade limitada, da assimetria de informação, dos problemas de agência, do risco moral, do oportunismo, dentre muitos outros que poderiam ser mencionados e que estão presentes nos processos de insolvência empresarial.

23.1 Modelo brasileiro e conflito de interesses

O modelo normativo da insolvência brasileira, em razão de sua conformação, criou uma série de disputas entre os envolvidos em processos de recuperação judicial. A mais natural e genérica delas é a disputa entre credores e devedores, pois os primeiros querem maximizar seus ganhos enquanto os segundos querem pagar o mínimo possível e nas melhores condições.

Há ainda as disputas entre credores sujeitos e não sujeitos à recuperação judicial e, com o advento da Lei nº 14.112/2020, o acirramento do conflito entre credores preexistentes e o financiador do *dip financing*, porquanto a operação garante o acesso privilegiado ao patrimônio do devedor deste em detrimento do rebaixamento da posição daqueles.

Ora, se há escassez patrimonial do devedor, haverá disputa entre os credores. A definição de quem será pago precisa estar regida pela ordenação legal de preferências, privilégios e garantias, conforme estipulado pelas leis aplicáveis.

O instituto do financiamento do devedor, durante a recuperação judicial, é capaz de suplantar as salvaguardas concedidas em favor dos credores preexistentes e alterar a dinâmica da ordem legal de preferencias e privilégios. Em última análise, ele é capaz de definir qual credor receberá o seu crédito e qual será prejudicado caso o devedor venha a falir.

Em outros termos, o *dip financing* é capaz de provocar, para o bem ou para o mal, a socialização dos riscos do financiamento com os credores pré-existentes, sem a anuência destes, o que permite concluir que há a potencialidade significativa de produção de externalidades.

Na visão do legislador – a quem compete definir a política econômica da legislação de insolvência e balancear os interesses em disputa – esse risco de rebaixamento dos créditos anteriores em troca de uma superpreferência em favor do financiador pode ser compensado pelas chances de sucesso da reestruturação viabilizada pelo dinheiro novo injetado no caixa do devedor. O sucesso da operação pode significar uma situação de vantagem para todos os envolvidos *(win-win)*, numa situação Pareto Eficiente: cumpre-se o plano de recuperação, quita-se o *dip financing*, reorganiza-se o passivo não sujeito e mantêm-se os benefícios socioeconômicos que decorrem da atividade em marcha.

Contudo, é preciso ter em mente que todos os agentes econômicos têm aversão a perdas e nenhum credor preexistente aceitará facilmente ter sua posição na fila de acesso ao patrimônio do devedor piorada, ainda que seja por um motivo legítimo. Nessa linha, é natural que haja resistência e debate sobre a autorização do financiamento durante a recuperação judicial.

De todo modo, pesquisas empíricas norte-americanas mostram que muitos casos de reestruturação de sucesso foram alicerçados pelo financiamento do devedor, o que reforça a importância da liquidez e do fluxo de caixa em equilíbrio para o desenvolvimento dos negócios. O justificável entusiasmo, contudo, não torna a realidade menos complexa.

Primeiramente, é preciso lembrar que o *dip financing* opera num cenário de extremo risco e incerteza, agravado pelo estresse financeiro do devedor e pela impaciência dos credores. Nesse contexto, o que importará para o credor preexistente é se o rebaixamento de sua posição em razão do privilégio concedido ao financiador é compensado pela perspectiva de melhoria do grau de satisfação de seu crédito.

Além disso, a doutrina especializada aponta que o devedor insolvente, em razão da dinâmica da propriedade residual, tende a ter mais estímulos a assumir operações e projetos arriscados do que acautelar os interesses de seus credores. Em outras palavras, qualquer aposta valerá a pena quando a situação é de perda iminente, o que significa que nessas condições o devedor está inclinado a tomar decisões que ele não tomaria caso seu patrimônio particular estivesse prioritariamente em risco.

Portanto, não deve ser ignorado que, a exemplo do que ocorre com outros institutos jurídicos, o *dip financing* pode ser utilizado de forma abusiva. Isso exigirá extrema cautela daqueles que irão fiscalizar e autorizar a operação, no intuito de possibilitar que ela cumpra as suas finalidades.

Três são as situações marcantes apontadas pela doutrina como utilizações problemáticas do *dip financing* nos processos de insolvência. A primeira delas consiste na aplicação do financiamento para dar sobrevida indevida a um negócio inviável, possibilitando que ativos sejam drenados ou desviados em prejuízo aos credores. A segunda é a obtenção de extrema vantagem por parte do financiador, o qual pode ser um credor preexistente que cobra juros extorsivos e retém parte do crédito concedido para quitação da dívida anterior. A terceira é caracterizada pelo financiamento oportunista do próprio grupo controlador, no intuito de livrar alguns ativos estratégicos dados em garantia do financiamento.

Essas circunstâncias apontam a relevância de algum tipo de controle nas operações de *dip financing*, o que implica que a análise a ser feita para sua autorização não poderá ser meramente burocrática ou formal.

Alguns questionamentos poderiam, assim, ser suscitados, tais como: se o mero preenchimento das formalidades legais seria suficiente para a autorização do financiamento; ou se a posição do Comitê de Credores – ou do Administrador Judicial na sua falta – vincularia o juízo; ou ainda, quais seriam os critérios a serem analisados e sopesados para autorização da operação.

Na experiência dos Tribunais Norte-Americanos, costuma-se respeitar a vontade do devedor (*business judgement rule*) como um ato de confiança de que a proposta de financiamento é adequada e legítima. Ademais, a disposição do financiador em aplicar recursos pode ser um consistente sinal de que vale a pena investir no negócio.

Por conta desses fatores, os Tribunais são reticentes em negar os financiamentos com receio de comprometer as disposições do mercado na aposta da reorganização. Embora esses dilemas continuem a desafiar os especialistas sobre o tema, certamente a resposta está em algum lugar de equilíbrio entre os dois extremos: atender as necessidades de crédito do devedor (melhor interesse da firma); garantir os interesses dos credores preexistentes (melhor interesse dos credores).

Na prática, o juiz vai se deparar com situações que de fato podem revelar uma zona de segurança positiva – a operação deve ser autorizada porque cumpre os requisitos legais e não há prova de violação das condicionantes; zona de certeza negativa – a operação deve ser rejeitada porque comprovadamente ilícita ou abusiva; e zonas de penumbra – há dúvidas se as condições estão presentes ou não.

Para que existam elementos suficientes para uma decisão devidamente informada e amparada em elementos concretos, mostra-se indispensável que devedor e financiador ajam com a máxima transparência. É preciso, ainda, que se outorgue a todos os credores, ao administrador judicial e ao Ministério Público, a possibilidade de se manifestarem sobre a operação, notadamente porque ela altera regras de prioridade, tangenciando temas de ordem pública.

Tais medidas tendem a atenuar a assimetria informacional, mitigar o comportamento oportunista dos agentes e reduzir custos de transação, o que, por consequência, influirá para que se obtenha uma alocação eficiente de recursos.

Referências

DAHIYA, S. *et al*. Debtor-in-Possession financing and bankruptcy resolution: empirical evidence. *Journal of Financial Economics*, n. 69, p. 259-263, 2003.

KIRSCHBAUM, Deborah. *A recuperação judicial no Brasil*: governança, financiamento extraconcursal e votação do plano. Tese (Doutorado em Direito Comercial), São Paulo, Faculdade de Direito, Universidade de São Paulo, 2009.

SALAMA, Bruno Meyerhof; WEIBERG, Fabio Crocco. A racionalidade econômica do direito falimentar. *In*: ABRÃO, Carlos Henrique; ANDRIGHI, Fátima Nancy; BENETI, Sidnei (Org.). *10 Anos de Vigência da Lei de Recuperação e Falência (Lei nº 11.101/05)*. 1. ed. São Paulo: Saraiva, 2015.

TRIANTIS, George G. *Theory of the regulation of debtor-in-possession financing*. A, 46 Vand. L. Rev. 901, 1993.

TUNG, Frederick. Do economic conditions drive DIP lending?: evidence from the financial crisis. *Law and Economics Research Paper*, Boston Univ. School of Law, p. 16-38, 20 sep. 2017.

Informação bibliográfica deste texto, conforme a NBR 6023:2018 da Associação Brasileira de Normas Técnicas (ABNT):

GODRI, João Paulo Atilio; MOREIRA, Pedro Ivo Lins. Dip Financing. *In*: RIBEIRO, Marcia Carla Pereira; KLEIN, Vinicius (Coord.). *O que é Análise Econômica do Direito*: uma introdução. 3. ed. Belo Horizonte: Fórum, 2022. p. 233-240. ISBN 978-65-5518-359-7.

CAPÍTULO 24

POSNER É A ÚNICA OPÇÃO?

Vinicius Klein

A expressão "Análise Econômica do Direito" remete o leitor ao autor mais conhecido e citado nesse âmbito, que é Richard Posner. Trata-se, sem dúvida, de um autor essencial para análise das relações entre Direito e Economia. Todavia, seria um erro resumir a construção teórica intitulada *Law and Economics* (Direito e Economia) aos seguidores da linha teórica adotada por ele. Assim, pode-se iniciar o presente capítulo com a resposta ao questionamento do título: Posner não é a única opção para um estudo de *Law and Economics*.

O estudo do Direito e da Economia, de forma interdisciplinar, remonta à Antiguidade. A trajetória é longa e não cabe aqui uma descrição de todos os caminhos já traçados ou mesmo uma lista exaustiva dos caminhos possíveis. O objetivo deste capítulo é descrever as possibilidades trazidas pela *Law and Economics*. Desde já, cabe uma assertiva acerca da nomenclatura. Na tradição anglo-saxônica, apesar do uso indistinto, em alguns casos, das expressões *Economic Analysis of Law* e *Law and Economics*, uma análise mais cuidadosa leva à diferenciação entre ambas. Enquanto a expressão *Economic Analysis of Law* foi cunhada por Richard Posner e está ligada aos seguidores das hipóteses teóricas adotadas por ele; a expressão *Law and Economics* é mais antiga e abarca diversas correntes teóricas, sendo a *Economic Analysis of Law* apenas uma delas. No Brasil, qualquer menção aos estudos do atual movimento da *Law and Economics* tem sido referida como Análise Econômica do Direito, sendo que a expressão Direito e Economia não parece gozar de grande aceitação. Todavia, neste capítulo, a diferenciação entre *Law and Economics* e *Economic Analysis of Law* é relevante. Assim, daqui adiante serão mencionadas sempre as expressões originais em inglês de modo a evitar confusões.

O grande avanço do movimento atual da *Law and Economics* pode ser atribuído, em grande parte, ao artigo percussor do economista Ronald H. Coase, denominado *The problem of social cost* e, posteriormente, à obra do jurista Richard Posner, intitulada *Economic Analysis of Law*. Enquanto o artigo de Coase é de 1960, o livro de Posner teve sua primeira edição em 1973.

Já existia, porém, um grande movimento da *Law and Economics* ainda na década de 1920, nos Estados Unidos. A aproximação entre Direito e Economia deu-se entre duas escolas específicas de pensamento: o realismo jurídico e o velho institucionalismo. No Direito, o realismo surgia buscando a interdisciplinaridade com as demais ciências sociais para entender a aplicação do Direito nos casos concretos. O estudo formal da norma jurídica não seria suficiente para explicar porque os juízes decidiam de determinada maneira, já que fatores políticos, sociais e morais teriam uma importância chave nesse aspecto.

O realismo jurídico levou alguns autores a uma relação próxima com a sociologia e a ciência política, dando origem ao movimento do *Critical Legal Studies*. Outros teóricos, entretanto, acabaram identificando na Economia uma abordagem mais interessante, dando origem ao chamado primeiro movimento da *Law and Economics*. Já no campo da Economia, a corrente teórica denominada velho institucionalismo foi responsável pela primeira grande aproximação com o Direito. Os institucionalistas, por sua vez, surgiram da escola histórica germânica, que não via nas instituições um objeto de estudo da ciência econômica. Ora, o estudo das instituições no sistema econômico não seria completo sem o estudo do Direito.

Esse diálogo teve seu curso alterado pelo chamado segundo grande movimento da *Law and Economics*, que surgiu na Universidade de Chicago. Na década de 1960, o artigo de Ronald Coase, *The problem of social cost*, levou as relações entre Direito e Economia para um novo patamar. As decisões jurídicas, em casos de responsabilidade civil, foram analisadas por Coase como um problema econômico de alocação de recursos. Tratava-se de uma análise das consequências econômicas das questões jurídicas. O estudo da *Law and Economics* avançou para outras questões, destacando-se a análise do Direito Antitruste, em que a Escola de Chicago remodelou o pensamento jurídico sobre o tema. Nesse ponto, o movimento da *Law and Economics* tinha como objeto somente as questões ligadas diretamente aos mercados e ao sistema econômico. Essa visão estava ligada à própria visão de Economia utilizada por Coase, que definia o estudo da Economia como o estudo do funcionamento do sistema econômico.

Um novo marco surgiria em 1973, com a obra *Economic Analysis of Law*, de Richard Posner. Anteriormente, Posner já havia produzido trabalhos típicos da *Law and Economics*, mas na referida obra, houve uma ampliação da análise econômica para todos os ramos do Direito, desde o Direito Empresarial até o Direito de Família ou o Direito Penal. Essa ampliação deu-se a partir da utilização de uma metodologia específica, que define a Economia, em linhas gerais, como o uso do método da escolha racional para uma alocação eficiente de recursos escassos, sejam essas decisões ligadas ao sistema econômico ou não. Essa, por exemplo, é a definição de Economia adotada por Richard Posner em sua obra *Economic Analysis of Law*. A definição foi inspirada em um colega seu, economista de Chicago, chamado Gary Becker, que em 1968 havia escrito um trabalho sobre a economia do crime e, em 1971, sobre a economia do casamento. Mas a contribuição principal de Becker foi a utilização pioneira da escolha racional para quaisquer decisões humanas.

A utilização, por Posner, da expressão *Economic Analysis of Law*, em lugar de *Law and Economics*, é significativa. A referida obra *(Economic analysis of law)* busca analisar as regras jurídicas a partir do instrumental da escolha racional. Pode-se definir *Law and Economics* como o estudo da influência das regras jurídicas no funcionamento do sistema econômico e *Economic Analysis of Law* como a análise econômica do funcionamento das normas jurídicas, a partir da ideia de escolha racional. Observa-se que apenas ao abandonar definições da Economia como o estudo da administração dos bens e recursos escassos para produção de riqueza foi possível avançar na direção da *Economic Analysis of*

Law. Afinal, na decisão de se casar, ou mesmo de cometer suicídio, não se tem como preocupação o uso alternativo de recursos escassos. Não se trata, ainda, de decisões econômicas, no sentido de serem tomadas no âmbito do mercado ou da geração e distribuição de riquezas. Apenas, quando se afirma que essas decisões podem ser analisadas na perspectiva de uma escolha que maximize a utilidade do agente, portanto, racional, ela se torna passível de estudo pela Economia. Assim, ao se enunciar a decisão de se casar como uma questão econômica, cria-se a possibilidade do Direito de Família ser objeto de um estudo econômico, na mesma medida do Direito Antitruste ou da responsabilidade civil. A busca de uma escolha que maximiza a utilidade dos agentes, em regra, pode ser entendida como a busca por uma solução eficiente. Nesse ponto tem-se um instrumental teórico poderoso, capaz de analisar a eficiência de todo o sistema jurídico. Não se trata apenas de uma análise, por exemplo, do papel do direito de propriedade para o sistema econômico como eram os estudos de *Law and Economics*, mas de uma análise econômica do direito de propriedade, envolvendo tanto as regras jurídicas e as decisões dos juízes, quanto a maneira pela qual o raciocínio jurídico funciona. As discussões acerca do papel da eficiência e da justiça na *Economics Analysis of Law* não são objeto deste capítulo, já que não se objetiva uma análise crítica das hipóteses teóricas defendidas por Posner. Mas pode-se afirmar, em linhas gerais, que a justiça como valor autônomo, diverso da eficiência, é abandonada no raciocínio posneriano. Isso, todavia, não impede que a *Economic Analysis of Law* seja utilizada com finalidade descritiva da realidade ou como um dos instrumentais na análise de questões jurídicas, capaz de iluminar uma questão específica. Cogitar a possibilidade de que ela possa prover uma fórmula matemática do que seria o melhor direito estaria, porém, muito além do razoável. Desse modo, o argumento de que a eficiência não é o único valor jurídico não leva necessariamente ao descarte quer da *Economic Analysis of Law*, quer da *Law and Economics*.

O estudo da aproximação entre Direito e Economia e a discussão surgida a partir das obras de Ronald H. Coase e Richard Posner levou à retomada dos estudos que envolvem a utilização de conceitos econômicos no Direito. Nesse ponto, o caminho pioneiro traçado deu origem a diversos caminhos alternativos, a partir, em especial, das diversas linhas teóricas econômicas. Além do traçado criado por Posner, tem-se uma ligação entre Direito e Economia a partir da análise nova institucionalista, da análise dos custos de transação, da análise da economia industrial, da análise neoschumpeteriana, dentre outras. Na realidade, o diálogo entre Direito e Economia pode ser construído através de diversas pontes. Assim, o equívoco de se afirmar que Posner é a única opção para a aproximação do Direito e da Economia deriva do equívoco de supor a Economia ou o Direito como algo monolítico.

Na *Law and Economics* atual podem ser identificadas algumas escolas com linhas teóricas próprias, como a Escola de Chicago, a Escola de Yale, a Escola de New Haven, a Escola Institucionalista e a Escola Austríaca. Portanto, nem a Economia, nem o Direito, e tampouco a *Law and Economics* estão representadas por linhas de pensamento únicas e inquestionáveis. A existência de um pensamento único excludente não encontra guarida na *Law and Economics*.

Por fim, o que parece unir os praticantes da *Law and Economics*, em especial no Direito, não é a idolatria da eficiência ou da racionalidade maximizadora, como uma crítica apressada poderia afirmar, mas sim o inconformismo com a visão de que uma análise jurídica presa a justificações formais abstratas e desatentas ao mundo real é suficiente para o enfrentamento dos problemas jurídicos. As consequências no mundo real das normas e decisões jurídicas e da modificação das mesmas não podem formar um conjunto apartado da teoria jurídica. A partir dessa constatação pode-se usar diversas ferramentas teóricas: uma que enfatize o papel central da eficiência, ou que trabalhe a relevância das instituições, ou que parta da constatação que o fator essencial é a tecnologia, ou que foque na questão da organização interna das firmas, dentre outras. Nem todas essas ferramentas partem dos pressupostos adotados por Posner, mas todas buscam na Economia conceitos capazes de melhor compreender o papel do Direito no mundo real.

Referências

BECKER, Gary S. *The economic approach to human behavior*. Chicago: The Chicago University Press, 1976.

COASE, Ronald H. *The firm, the market and the law*. Chicago: University of Chicago Press, 1988.

HOVENKAMP, Herbert. The first great law e economics movement. *Stanford Law Review*, v. 42, n. 4, p. 993-1058, 1990.

MARCIANO, Alain; HARNAY, Sophie. Posner, economics and the law: from "law and economics" to an "economic analysis of law". *Journal of the History of Economic Thought*, v. 31, n. 2, p. 215-231, jun. 2009.

POSNER, Richard A. *Economic analysis of law*. 2. ed. Boston and Toronto: Little, Brown and Company, 1986.

SALAMA, Bruno Meyerhof (Org.). *Direito e economia*: textos escolhidos. São Paulo: Saraiva, 2010.

Site de interesse

ENCYCLOPEDIA OF LAW AND ECONOMICS. Disponível em: http://encyclo.findlaw.com/. Acesso em 10 jan. 2022.

Informação bibliográfica deste texto, conforme a NBR 6023:2018 da Associação Brasileira de Normas Técnicas (ABNT):

KLEIN, Vinicius. Posner é a única opção?. *In*: RIBEIRO, Marcia Carla Pereira; KLEIN, Vinicius (Coord.). *O que é Análise Econômica do Direito*: uma introdução. 3. ed. Belo Horizonte: Fórum, 2022. p. 241-248. ISBN 978-65-5518-359-7.

SOBRE OS AUTORES

Bárbara Françoise Cardoso
Graduada em Gestão do Agronegócio pela Universidade Federal de Viçosa (UFV), em Ciências Econômicas pela Universidade Estadual do Oeste do Paraná (UNIOESTE) e em Administração pelo Centro Universitário Dinâmica das Cataratas (UDC). Mestre em Desenvolvimento Regional pela Universidade Federal do Tocantins (UFT). Doutora em Desenvolvimento Regional e Agronegócio pela Universidade Estadual do Oeste do Paraná (UNIOESTE). Professora do Centro Universitário União Dinâmica das Cataratas (UDC).

Christian Luiz da Silva
Economista, mestre e doutor em Engenharia de Produção. Pós-doutor em Administração pela Universidade de São Paulo (USP). Professor do Programa de Pós-Graduação em Tecnologia (PPGTE) – mestrado e doutorado – e ex-coordenador do Programa de Pós-Graduação em Planejamento e Governança Pública (PGP). Coordenador do Grupo de Pesquisas em Tecnologia e Desenvolvimento Sustentável. Pesquisador do CNPq e da Fundação Araucária. Autor de vários livros e artigos científicos sobre competitividade, desenvolvimento local e políticas públicas.

Carlos Eduardo Koller
Professor de Direito Econômico e Pesquisador em *Law and Economics*. Mestre e Doutor em Direito Econômico e Desenvolvimento pela Pontifícia Universidade Católica do Paraná (PUCPR). Advogado.

Cláudio Djissey Shikida
Mestre (IPE/USP) e Doutor em Economia (PPGE/UFRGS). Coordenador-Geral de Pesquisa na Enap e Pesquisador no PPGOM-UFPel. Professor do Mestrado Acadêmico em Economia Aplicada (PPGOM) da Universidade Federal de Pelotas (UFPel).

Cléverton Michel da Macena
Bacharel em Ciências Econômicas pela Universidade Estadual do Oeste do Paraná (UNIOESTE). Membro do grupo de pesquisa TRANSLOG. Ex-bolsista PIBIC-CNPq.

Eduardo Oliveira Agustinho
Doutor em Direito Econômico e Desenvolvimento pela Pontifícia Universidade Católica do Paraná (PUCPR). Mestre em Direito da Integração pela Universidade Federal de Santa Maria (UFSM). Pesquisador Visitante da *Université Paris I – Panthéon-Sorbonne* (2010). Professor do Programa de Pós-Graduação em Direito (*stricto sensu*) da Pontifícia Universidade Católica do Paraná (PUCPR). Advogado.

Fábio Leandro Tokars
Mestre e Doutor em Direito pela Universidade Federal do Paraná (UFPR). Advogado.

Francisco Renato Codevila Pinheiro Filho
Graduado em Direito pela Universidade de Brasília (UnB). Pós-Graduado em Direito Tributário pelo ICAT/AEUDF. Mestre em Direito pela Universidade Católica de Brasília (UCB) e Doutorando em Direito pelo IDP. Juiz Federal.

Giovani Ribeiro Rodrigues Alves
Mestre e Doutor em Direito pela Universidade Federal do Paraná (UFPR). Professor da Universidade Federal do Paraná (UFPR). Advogado.

Huáscar Fialho Pessali
Doutor em Economia pela University of Hertfordshire. Professor do Departamento de Economia e do Programa de Pós-Graduação em Políticas Públicas da Universidade Federal do Paraná (UFPR). Seu trabalho acadêmico está concentrado na área de economia e instituições, publicando artigos em periódicos como o *Journal of Economic Issues*, o *Journal of Institutional Economics*, o *Journal of Developing Societies* e a *Review of Social Economy*.

Irineu Galeski Jr.
Mestre em Direito pela Pontifícia Universidade Católica do Paraná (PUCPR). Doutor em Direito pela Pontifícia Universidade Católica do Paraná (PUCPR). Advogado.

Ivo T. Gico Jr.
Graduado em Direito pela Universidade de Brasília (UnB). Mestre em Direito com honra máxima (*James Kent Scholar*) pela *Columbia Law School*, Nova York. Doutor em Direito pela Universidade de São Paulo (USP) e Doutor em Economia pela Universidade de Brasília (UnB). Professor da UNICEUB. Membro-fundador da Associação Brasileira de Direito e Economia (ABDE).

Genevieve Paim Paganella
Mestre em Direito pela Universidade Federal do Paraná (UFPR). Especialista em Direito Processual Civil pelo Instituto de Direito Romeu Felipe Bacellar. Juíza de Direito do TJPR.

João Paulo Atilio Godri
Doutorando e Mestre em Direito Econômico e Desenvolvimento pela Pontifícia Universidade Católica do Paraná (PUCPR). Professor de Direito Empresarial da Faculdade Inspirar. Advogado.

Kharen Kelm Herbst
Bacharel em Direito pela Pontifícia Universidade Católica do Paraná (PUCPR). Mestre em Direito Econômico e Desenvolvimento pela Pontifícia Universidade Católica do Paraná (PUCPR). Advogada.

Lara Bonemer Rocha Floriani
Mestre e Doutora em Direito Econômico e Desenvolvimento pela Pontifícia Universidade Católica do Paraná (PUCPR). Professora no Curso de Graduação em Direito do UniBrasil. Professora Convidada em Cursos de Pós-Graduação. Advogada.

Luciana Yeung
Mestre em Economia Aplicada e em Relações Industriais pela *University of Wisconsin –Madison*. Doutora em Economia pela Escola de Economia de São Paulo/Fundação Getulio Vargas (EESP-FGV). Professora Associada e Coordenadora do Núcleo de Análise Econômica do Direito (Insper). Fundadora e Ex-Presidente da Associação Brasileira de Direito e Economia (ABDE). Diretora da Associação Latinoamericana e do Caribe de Direito e Economia (ALACDE). Editora-Chefe da Revista de Análise Econômica do Direito (RAED).

Marcia Carla Pereira Ribeiro
Mestre e Doutora em Direito pela Universidade Federal do Paraná (UFPR). Professora Titular de Direito Societário na Pontifícia Universidade Católica do Paraná (PUCPR). Professora Titular de Direito Empresarial na Universidade Federal do Paraná (UFPR). Estágio de Pós-doutorado pela Fundação Getulio Vargas São Paulo (FGV/SP) (2005-2006). Pós-Doutora pela Universidade de Lisboa (ULisboa) (2012). Pós-Doutora pela *Uniersité Paris 1 Panthéon Sorbonne* (2020). Pesquisadora Convidada da *Université de Montréal* – CA (2007). Coautora do Curso Avançado de Direito Comercial (RT) e Teoria Geral dos Contratos: contratos empresariais e Análise Econômica (RT). Pesquisadora do CNPQ e da Fundação Araucária.

Maurício Vaz Lobo Bittencourt
Professor Adjunto do Departamento de Economia da Universidade Federal do Paraná (UFPR). Doutor em Desenvolvimento Econômico pela *The Ohio State University* (EUA).

Pedro Ivo Lins Moreira
Mestrando em Direito pela Universidade Federal do Paraná (UFPR). Juiz de Direito do TJPR.

Pery Francisco Assis Shikida
Economista pela Universidade Federal de Minas Gerais (UFMG). Mestre em Economia Agrária (ESALQ/USP). Doutor em Economia Aplicada (ESALQ/USP). Foi *Visiting Scholar* na *Kaiserslautern Universität* (Alemanha) e na *University of Wisconsin* (Estados Unidos). Pós-doutor pela Fundação Getulio Vargas São Paulo (FGV/SP). Professor Associado da Universidade Estadual do Oeste do Paraná (UNIOESTE/Toledo). Pesquisador do CNPq.

Reinaldo Fiuza Sobrinho
Graduado em Engenharia Química pela Universidade Estadual de Maringá. Pós-graduado em Gestão em *Agribusiness* pela Fundação Getulio Vargas (FGV). Mestre em Desenvolvimento Regional e Agronegócio pela Universidade Estadual do Oeste do Paraná (UNIOESTE) (2010).

Sabrina Maria Fadel Becue
Mestre e Doutora em Direito Comercial pela Faculdade de Direito da Universidade de São Paulo (USP). Bacharel em Direito pela Universidade Federal do Paraná (UFPR). Membra Fundadora da Associação Brasileira de Direito e Economia (ADEPAR). Advogada.

Victor Hugo Domingues
Graduado em Direito pela Unicuritiba. Especialista em Sociologia Política pelo Departamento de Ciências Sociais da Universidade Federal do Paraná (UFPR). Mestre em Ciências Jurídico-Ambientais pela Universidade de Lisboa. Doutor em Direito pela Pontifícia Universidade Católica do Paraná (PUCPR). Membro da Associação Brasileira de Direito e Economia (ABDE) e da Associação Paranaense de Direito e Economia (ADEPAR).

Vinicius Klein
Mestre em Direito das Relações Sociais pela Universidade Federal do Paraná (UFPR). Doutor em Direito Civil pela Universidade Estadual do Rio de Janeiro (UERJ). Doutor em Desenvolvimento Econômico pela Universidade Federal do Paraná (UFPR). Professor da Universidade Federal do Paraná (UFPR). Procurador do Estado do Paraná.

Weimar Freire da Rocha Jr.
Doutor em Engenharia de Produção pela Universidade Federal de Santa Catarina (UFSC). Professor do Curso de Ciências Econômicas e do Programa de Pós-graduação (mestrado e doutorado) em Desenvolvimento Regional e Agronegócio da Universidade Estadual do Oeste do Paraná (UNIOESTE). Pós-Doutor pela Universidade Federal do Paraná (UFPR) e pela Universidade de Lisboa (ULisboa). Membro dos Grupos de Pesquisa GEPEC e TRANSlog.

Esta obra foi composta em fonte Palatino Linotype, corpo 11,5
e impressa em papel Offset 75g (miolo) e Supremo 250g (capa)
pela Gráfica Formato, em Belo Horizonte/MG.